Steffen Cramer

Hubraumerweiterung

Mehr Power für dein Leben mit Gott
Handbuch für Männer

STEFFEN CRAMER

HUB RAUM ERWEITERUNG

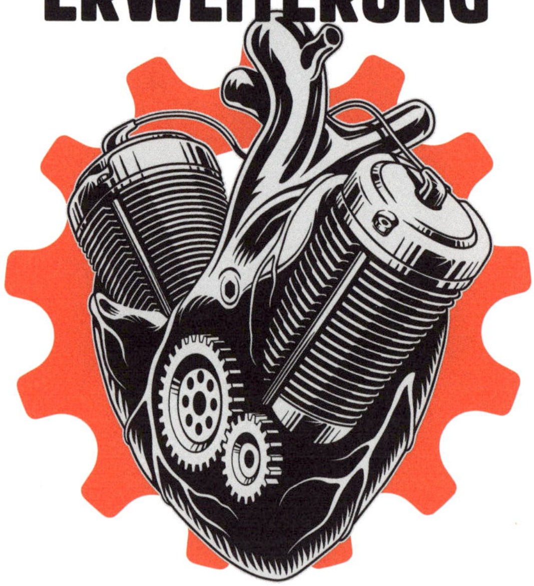

Mehr Power für dein Leben mit Gott

Handbuch für Männer

SCM
R.Brockhaus

SCM

Stiftung Christliche Medien

SCM R.Brockhaus ist ein Imprint der SCM Verlagsgruppe, die zur Stiftung
Christliche Medien gehört, einer gemeinnützigen Stiftung,
die sich für die Förderung und Verbreitung christlicher Bücher,
Zeitschriften, Filme und Musik einsetzt.

Internet: www.scm-brockhaus.de · E-Mail: info@scm-brockhaus.de

Lektorat: Marcus Beier
Gesamtgestaltung: Grafikbüro Sonnhüter, www.grafikbuero-sonnhueter.de
Titelbild: ledokolua (shutterstock.com)
Autorenfoto: © Jonas König
Druck und Bindung: Drukarnia Dimograf Sp. z o.o.
Gedruckt in Polen
ISBN 978-3-417-26986-4
Bestell-Nr. 226.986

INHALT

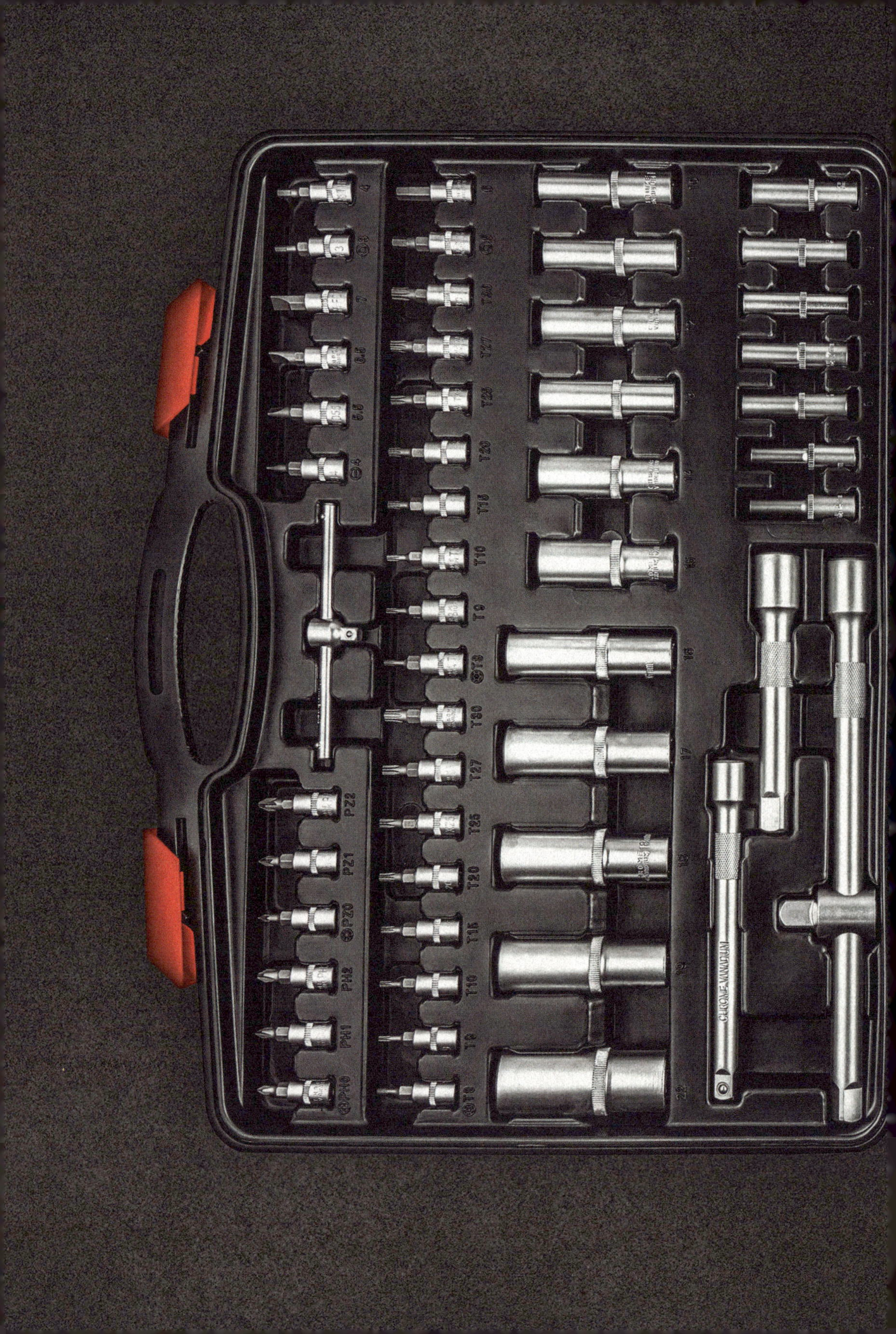

CHROME VANADIUM
CHROME VANADIUM
TH70 TH60 TH55 TH50 TH45 TH40
E24 E20 E18 E16 E14
T70 T60 T55 T50 T45 T40
CHROME VANADIUM

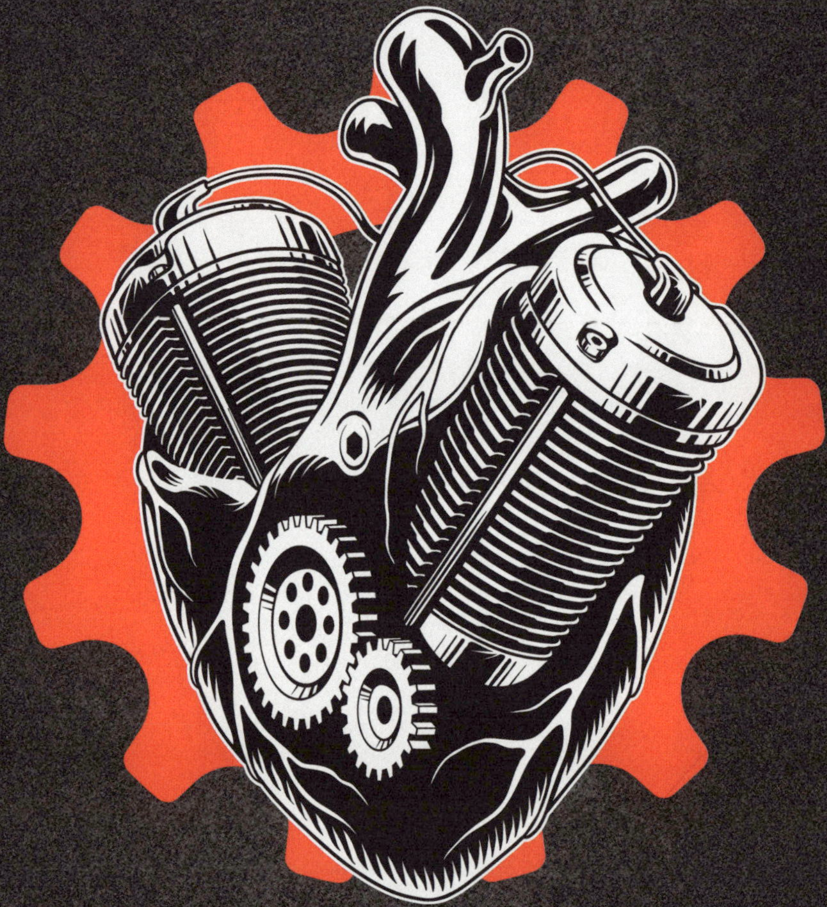

ZUM EINSTIEG

Lieber Leser,
es kann gut sein, dass du dieses Buch jetzt in den Händen hältst, obwohl du alles andere als ein Leser bist. Dann willkommen im Klub. Mir geht es genauso. Ich renne lieber 14 Stunden mit der Säge im Wald herum, als dass ich eine Stunde lese. Und glaube mir, dieses Buch zu schreiben, war noch viel anstrengender – es war absolute Schwerstarbeit. Aber ich habe es für uns Wenig-Leser getan. Für uns, die wir schon so viele Bücher angefangen, sie aber nie zu Ende gelesen haben.

Das Gute ist: Du musst das Buch nicht vom Anfang bis zum Ende lesen. Du musst nicht das gesamte Buch lesen, um zu verstehen, was ich meine. Jedes Kapitel ist in sich abgeschlossen. Du kannst also frei wählen, ob und wann du die Kapitel lesen willst. Du findest innerhalb der Kapitel auch Querverweise auf andere Kapitel, die das Thema streifen. Natürlich kannst du auch ganz vorne anfangen und dich bis zum Schluss durcharbeiten.

Wenn du an der einen oder anderen Stelle Lust hast, ein bisschen tiefer einzusteigen, ist das kein Problem.

TIEFER-GRABEN-BAGGER

Immer wenn der *Tiefer-graben-Bagger* erscheint, gehen wir an dieser Stelle der Sache noch mehr auf den Grund.

Manchmal wirst du vielleicht den Eindruck haben, dass ich gar nicht genau beschreibe, was du jetzt konkret tun und umsetzen sollst. Das mache ich bewusst. Dieses Buch soll kein »In-sieben-Schritten-zu-einem-befreiten-Christsein«-Leitfaden sein. Denn, wenn wir ehrlich sind, mögen wir Männer es auch gar nicht gerne, wenn uns jemand sagt, was wir tun und lassen sollen. Das wollen wir selbst entscheiden. Daher bist du selbst gefragt, ob und wie du die Themen in deinem Leben umsetzen willst.

Es kann auch sein, dass du dich an manchen Stellen über mich ärgerst. Das ist gut, denn wenn man sich ärgert, fängt man an nachzudenken. Dann bleib aber nicht beim Ärger stehen, sondern denke weiter nach. Wenn der Ärger aber nicht nachlässt, dann nimm Kontakt mit mir auf, bevor der Ärger dich auffrisst. Schreib mir einfach an *steffencramer@gmx.de.*

So, nun wünsche ich dir viel Spaß beim Lesen!

Dein Steffen Cramer

Die Kraft der guten Botschaft

KAPITALER MOTORSCHADEN

WIR STEUERN ALLE AUF DEN EWIGEN TOD ZU

1

GEBAUT UM ZU STERBEN?

Angenommen, ich kaufe mir ein neues Auto und erfülle mir den lang gehegten Traum eines Ford Mustang. Ich lasse den Motor an und fahre munter drauflos. Alles ist neu und glänzt. Ich genieße die neuen Features des Autos und das Drehmoment des 8-Zylinder-Motors. Und so spule ich Kilometer für Kilometer runter. Gelegentlich tanken und dann schnell wieder zurück auf die Straße; weiter geht's. Ich genieße einfach die Freiheit der Mobilität jeden Tag neu und sorgenfrei. Denn das Auto ist ja neu! Das Einzige, was ich dem Fahrzeug gönne, ist das Tanken. Aber ansonsten fahre ich einfach nur. Motor? Egal. Der wird schon in Ordnung sein. Ich mache keinen Service, keinen Ölwechsel, schau nie nach dem Wasser und ignoriere auch sonst sämtliche Geräusche und Warnlampen, die da so aufblinken.

Wenn ich mich so verhalte, kann ich sicher sein, dass ich mein Fahrzeug unweigerlich auf einen kapitalen Motorschaden zusteure. Natürlich nicht sofort. Und wenn ich Glück habe, hält der Wagen sogar einige 10 000 Kilometer durch. Aber mit Ignoranz werde ich es schaffen, den Motor nachhaltig zu zerstören. Da kann der Wagen vom Hersteller noch so gut gebaut und durchdacht sein. Aber bei solch einem Verhalten ist ein Motorschaden vorprogrammiert. Bei keiner oder schlechter Wartung schleift immer schnell etwas ein oder schlägt aus. Wenn dieses Teil dann nicht durch ein neues Teil ersetzt wird, kommt es zu Folgeschäden und man ist dem Motorschaden ein ganzes Stück näher.

* * *

Der Mensch an sich ist von seinem Hersteller – Gott – natürlich um einiges besser ausgefeilt und durchdacht als jeder Motor, den Menschen je gebaut haben. Doch auch wir Menschen laufen, wenn wir unser Leben einfach so vor uns hinleben, unweigerlich auf einen kapitalen Motorschaden zu. Es schleifen sich Dinge im Leben ein, die letztendlich zu einem kapitalen Motorschaden führen. Dieser kapitale Motorschaden ist der Tod. Nicht nur für den Motor, sondern auch für den Menschen. Wir kommen einfach nicht daran vorbei: Sobald wir Menschen vom Band laufen, also geboren werden, steuern wir auf diesen kapitalen Motorschaden zu.

Sobald wir Menschen vom Band laufen, steuern wir auf einen kapitalen Motorschaden zu.

In mein Leben schleichen sich unweigerlich Dinge ein, die in letzter Konsequenz zum Motorschaden führen. Die Bibel gebraucht hierfür den Begriff »Sünde«. Dieser Begriff wird ja gern in unterschiedlichen Zusammenhängen gebraucht und missbraucht. Sünde hat zum Beispiel nichts mit Liebe zu tun, so nach dem Motto: »Kann denn Liebe Sünde sein?«. Sie hat auch nichts mit Sahnetorte zu tun, auch wenn wir nach dem Verzehr einer solchen Torte gerne sagen: »Heute haben wir schwer gesündigt.« Sünde bedeutet schlichtweg die Trennung von Gott und das führt letztendlich zum kapitalen Motorschaden, dem ewigen Tod. Sünde entsteht, wenn ich gegen den Willen Gottes handle und denke.

REPARATUREN KOSTEN

Was ist zu tun? Wie kann ich diesen kapitalen Motorschaden verhindern? Durch Wartung und Pflege. Wenn ich meinem Motor regelmäßig Öl und Wasser gebe? Wenn ich versuche, weniger zu sündigen, wenn ich versuche die Zehn Gebote einzuhalten? Rettet mich das vor dem Motorschaden? Nein. Es tut meinem Motor und meiner Beziehung zu Gott bestimmt gut. Aber auch wenn ich immer schön nach Öl und Wasser schaue, rettet mich das nicht vor dem Motorschaden.

Irgendwo schleicht sich dann doch unbemerkt ein Fehler ein und Teile gehen zu Bruch. Manchmal kann man das auch hören. Der Motor läuft nicht richtig rund. Das kann dann ein unnatürliches Klopfen oder Pfeifen sein. Oder der Motor fängt an zu stottern. Oder er läuft schlecht an und kommt nicht richtig in die Gänge. So merke ich auch, dass mein Leben nicht mehr richtig rund läuft.

Ich merke das auch. Ich merke, dass die Art und Weise, wie ich mein Leben lebe, nicht mehr so weiterlaufen kann. Ich merke, dass da eine Reparatur bevorsteht: Alte, verschlissene Teile müssen raus und durch neue Teile ersetzt werden. Ich spüre, dass es dringend Zeit wird, den Fehler zu suchen und zu beheben. In solchen Fällen versuche ich das dann meist irgendwie allein hinzubekommen und bastle erst einmal selbst am Motor rum. Doch das ist gar nicht so einfach. Man kann dabei sogar mehr kaputt machen als reparieren. Also muss ich wohl ein Opfer bringen: Ich muss in die Tasche greifen und mich auf den Weg in die Werkstatt machen.

In die Tasche greifen und Opfer bringen – das war auch die Lösung, wie es uns die Bibel aus dem Alten Testament berichtet. Man musste für seine Sünden Opfer bringen, um sie vor Gott zu sühnen, um den Fehler wieder zu beheben. Im dritten Buch Mose finden wir einen ganzen Bußgeldkatalog, der genau beschreibt, für welchen Fehler welches Opfer gebracht werden muss. Durch das Opfern bestimmter Tiere konnte die Sünde vor Gott gesühnt werden. Das fehlerhafte Teil konnte dadurch ersetzt werden und der Motor konnte weiterlaufen.

Man kann mehr kaputt machen als reparieren, wenn man versucht, selbst Hand anzulegen.

Doch das funktioniert auch nur bis zu einem bestimmten Grad. Je länger wir unseren Motor laufen lassen, umso größer und aufwendiger werden die Reparaturen. Umso mehr Opfer muss man bringen. Und trotzdem läuft jeder Motor unweigerlich auf einen kapitalen Motorschaden zu. Irgendwann muss man sagen: »Ich habe jetzt schon so viele Opfer in den Motor investiert, jetzt ist Schluss.« So ist es auch bei meinem Leben. Ich kann salben und schmieren, Opfer bringen und religiös sein, versuchen, keine Gebote zu brechen und anderen zu helfen. Doch es wird mir nicht gelingen, fehlerfrei und sündenfrei zu sein und zu bleiben. Am Ende laufe ich auf den kapitalen Motorschaden zu und mir droht die Schrottpresse – die endgültige Trennung von Gott, der ewige Tod.

AUCH KLEINE FEHLER,

DIE SCHNELL BEHOBEN WERDEN KÖNNTEN,

HABEN DURCHAUS DAS POTENZIAL,

EINEN KAPITALEN MOTORSCHADEN

ZU VERURSACHEN.

KLEINER FEHLER, GROSSER SCHADEN

Eine innere Stimme in mir sagt an dieser Stelle immer: »Na ja, aber du bist ja eigentlich kein schlechter Mensch! Du hast niemanden getötet. Und stehlen ist für dich auch tabu. Außerdem setzt du dich ja für den Weltfrieden ein. Also ganz so schlimm können die kleinen Fehlerchen, die mein Motor hat, nicht sein. Da gibt es andere Menschen, deren Motor ein gravierenderes Problem hat, wie zum Beispiel einen Kolbenfresser. Da ist richtig viel zu reparieren. Aber bei mir kann es ja nicht so schlimm sein.«

Das klingt eigentlich ganz einleuchtend. Doch dieser Eindruck trügt, denn auch kleine Fehler, die schnell behoben werden können, haben das Potenzial, einen kapitalen Motorschaden zu verursachen. Und wenn es dumm läuft, geht das ziemlich schnell. Nehmen wir zum Beispiel den Keilriemen, der die Wasserpumpe antreibt. Wenn so einer reißt, ist der im Normalfall sehr schnell gewechselt. Es kostet auch nur ein paar Euro. Doch wenn er nicht gewechselt wird, bekommt der Motor zu wenig Kühlung und kann ziemlich schnell überhitzen. Ein Kolbenfresser ist die Folge.

Das heißt, ganz egal, welche Sünden ich in meinem Leben habe, ob große oder kleine, ganz egal, ob der Schaden verheerend und schwer zu reparieren ist oder ob es nach außen kaum wahrnehmbar ist, das Ergebnis ist das gleiche: Ich bin durch meine Sünde getrennt von Gott und steure auf den ewigen Tod zu. Ist die Situation dann hoffnungslos? Wenn nicht einmal ein regelmäßiger Werkstattbesuch mich vor einem kapitalen Motorschaden bewahren kann?

Ist mein Leben dann auch hoffnungslos, wenn alles, was ich tue, und egal, wie ich mich anstrenge, doch eh auf den kapitalen Motorschaden zugeht und mir am Ende doch der ewige Tod droht?

Wie schön wäre es, wenn der Motor einfach immer laufen würde. Wie schön wäre es, wenn ich immer und uneingeschränkt mobil wäre. Aber so fahre ich immer mit einem unguten Gefühl. Ich bin ständig am Hören, ob mein Motor nicht doch irgendein dummes Geräusch macht, ob der Motor nicht doch einen Fehler, einen Schaden hat, den ich nicht bemerke.

Wenn ich ständig den kapitalen Motorschaden im Nacken habe, macht das Fahren keinen Spaß mehr. Auch das Leben macht keinen Spaß, wenn ich stän-

Wie schön wäre es, wenn ich mich nicht ständig auf die Fehler, sondern auf das Leben selbst fokussieren könnte.

dig den ewigen Tod im Nacken habe und ich nie weiß, ob das, was ich tue, auch reicht. Deshalb leben viele so, dass sie das Gaspedal durchdrücken und genießen, so lange es geht. Wenn morgen der Totalschaden da ist, dann lieber heute noch mit 230 Sachen über die Autobahn.

Wie schön wäre es, wenn ich mich nicht ständig auf die Geräusche konzentrieren müsste, sondern mich aufs Fahren konzentrieren könnte. Wie schön wäre es, wenn ich mich in meinem Leben nicht ständig auf die Fehler und Sünden konzentrieren müsste, sondern wenn ich mich auf das Leben selbst fokussieren könnte. Wie schön wäre es, wenn ich mobil wäre, unabhängig vom Zustand meines Motors.

Aber das ist kaum vorstellbar, das grenzt wohl an ein Wunder.

DIE MOBILITÄTSGARANTIE

Doch dieses Wunder haben die Automobilhersteller vollbracht, indem sie eine Mobilitätsgarantie zur Verfügung stellen, bei der sie allen, die diese Garantie in Anspruch nehmen, eine dauerhafte Mobilität zusichern. Egal, wie der Zustand des Motors aussieht. Die Mobilität ist garantiert! Weil der Motor immer laufen wird? Nein! Aber im Schadensfall wird nicht nur der Motor repariert, sondern es wird sogar noch ein Ersatzwagen zur Verfügung gestellt. Welch ein Wunder!

Gott hat ganz für uns ein Opfer gebracht, das so groß und so wertvoll ist, dass es ewig gilt.

Um den Mensch vor dem Tod zu retten, hat auch Gott sich eine Mobilitätsgarantie ausgedacht. Eine Garantie, die uns vom ewigen Tod zum ewigen Leben bringen kann, ganz gleich, wie viele Fehler wir machen und wie groß unser Verschleiß ist. Gott hat das Wunder vollbracht und einen Weg gefunden, der es möglich macht, dass wir unsere Sünden nicht mehr durch das Opfern von Tieren sühnen müssen, um leben zu können. Gott hat ganz tief in die Taschen gegriffen und für uns ein Opfer gebracht, das so groß und so wertvoll ist, dass es ewig gilt und hält. Dieses Wunder, dieses Opfer heißt Jesus. Gott hat seinen Sohn Jesus geopfert, um uns eine Mobilitätsgarantie anbieten zu können, die unabhängig vom Zustand unseres Motors ist. Sie steht uns zur Verfügung. Wir müssen sie nur annehmen.

Denn Gott hat die Welt so sehr geliebt, dass er seinen einzigen Sohn hingab, damit jeder, der an ihn glaubt, nicht verloren geht, sondern das ewige Leben hat.
Johannes 3,16

Natürlich wird die Mobilitätsgarantie bei den Automobilherstellern den Kunden nicht hinterhergeworfen, egal, ob die Kunden es wollen oder nicht. Nein, die ist ganz klar an Bedingungen geknüpft. Der Kunde muss sein Auto regelmäßig, nach einem strikten Serviceplan, in der Vertragswerkstatt zum Kundendienst bringen lassen. Versäumt er das, verfällt auch die Mobilitätsgarantie. Auch Gott wirft uns seine Mobilitätsgarantie NICHT einfach hinterher, ob wir es wollen oder nicht. Nein, auch Gottes Mobilitätsgarantie ist an Bedingungen geknüpft, auch wenn diese von den Bedingungen der Automobilhersteller abweichen.

1. Bedingung: dass ich erkenne, dass mein Leben ohne die Rettung von Gott auf einen kapitalen Motorschaden zuläuft. Ich muss erkennen und bekennen, dass ich es nicht aus eigener Kraft schaffe, gerecht vor Gott zu sein.

2. Bedingung: dass ich mein Leben in die Abhängigkeit Gottes gebe, dass ich alle Bereiche meines Lebens unter seine Führung stelle und ihm kompromisslos den ersten Platz in meinem Leben einräume.

Wenn ich diese Bedingungen nicht annehme, erhalte ich auch keine Mobilitätsgarantie.

UMKEHR UND BUSSE

Aber auch wenn ich die Mobilitätsgarantie habe, kann es trotzdem bei meinem Motor zu Schwierigkeiten kommen. Es können trotzdem Teile kaputtgehen und verschleißen. Die Mobilitätsgarantie schützt mich nicht davor, dass der Motor auch mal kräftig ins Stocken kommt. Es ist trotzdem möglich, dass zum Beispiel die Wasserpumpe undicht wird und ich Kühlwasser verliere. So ein Fehler sollte dann auch behoben werden, bevor es zu Folgeschäden wie einem Kolbenfresser kommt.

Trotz Mobilitätsgarantie sind wir nicht vor der Sünde verschont.

So ist es auch, wenn ich die Mobilitätsgarantie Gottes in Anspruch nehme. Da schleichen sich trotzdem Fehler ein und mein Leben gerät ins Stocken. Trotz Mobilitätsgarantie sind wir nicht vor der Sünde verschont. Und diese Fehler sollten behoben und ausgemerzt werden, bevor sie noch mehr Schaden verursachen. Aber Vorsicht, denn am besten machen wir solche Dinge nicht selbst, sondern überlassen sie dem Fachmann. Wenn ich selbst versuche, sündenfrei zu leben, bin ich von vornherein zum Scheitern verurteilt.

Meine Aufgabe ist es nicht, am Auto zu schrauben und den Schaden zu beheben. Meine Aufgabe ist es, wahrzunehmen, dass mein Motor einen Fehler hat, und dass Handlungsbedarf besteht. Gott ist es, der sich die Hände schmutzig macht und schraubt. Aber wie nehme ich die Fehler wahr?

* * *

Damit die Autobesitzer nicht erst zur Werkstatt fahren, wenn nichts mehr geht oder wenn sie von anderen abgeschleppt werden müssen, haben die Autobauer sich etwas Geniales einfallen lassen. Sie haben das Auto mit ganz vielen Sensoren ausgerüstet, die Fehler im Motor registrieren und melden. Der Autofahrer erkennt das dann an den Fehlermeldungen in seinem Armaturenbrett. Diese Meldungen signalisieren ihm, welchen Fehler der Motor hat und ob eine Werkstatt aufgesucht werden muss.

So hat Gott auch für uns ein Warnsystem entwickelt, mit dem wir Fehler erkennen können. Anhand der Bibel können wir abgleichen, inwieweit unser Leben noch rund läuft oder schon ins Stocken geraten ist und wo sich Sünde in meinem Leben eingeschlichen hat.

Wenn ich die Bibel lese, kann es sein, dass da Warnlampen aufleuchten, die mir sagen, dass ich dringend meinen aktuellen Kurs ändern und mich auf den Weg zur Werkstatt machen sollte. In der Werkstatt kann dann der Schaden behoben werden. Dieser Prozess wird in der Bibel mit dem Wort Buße beschrieben. Leider ist die eigentliche Bedeutung stark in Vergessenheit geraten.

... durch das Gesetz erkannte ich erst meine Sünde. Ich hätte nicht gewusst, dass es falsch ist zu begehren, wenn das Gesetz mir nicht gesagt hätte: »Du sollst nicht begehren.«
Römer 7,7

Buße hat nicht in erster Linie etwas mit Sack und Asche und beschämt in eine Ecke stehen zu tun. Buße heißt erkennen, dass sich Sünde in meinem Leben breitgemacht hat, dass ich vom richtigen Kurs abgekommen bin. Buße heißt, das vor Gott zu bekennen und um Vergebung zu bitten, um dann einen neuen Weg in eine neue Richtung einzuschlagen. So kann ich mich wieder neu auf die Nachfolge von Jesus ausrichten.

Ich stelle an mir fest, dass ich immer wieder gerne die Warnlampen von meinem Auto ignoriere und zu lange mit dem Werkstattbesuch warte. Ich stelle auch fest, dass ich gerne die Warnlampen in meinem Leben ignoriere. Obwohl ich weiß, dass da dringend Handlungsbedarf ist, reize ich das gerne lange aus. Manchmal so lange, dass mein Motor fast liegen bleibt oder ich sogar von anderen abgeschleppt werden muss. Aber wenn ich nach dem Werkstattbesuch aus der Werkstatt fahre, stellt sich ein gutes Gefühl ein, denn ich weiß, dass mein Motor jetzt wieder fit ist und ich keine komischen belastenden Geräusche mehr höre. Dann nehme ich mir vor, beim nächsten Mal nicht mehr so lange mit dem Kundendienst zu warten.

Wie lange wartest du?
Hast du auch eine Mobilitätsgarantie?

Leben mit Ziel

DIE MOTOR SÄGE

KONSTRUIERT FÜR EINEN BESTIMMTEN ZWECK

2

MEINE KETTENSÄGE UND ICH

Kettensägen! Oh, wie ich sie liebe, diese kleinen Kraftpakete. Wenn ich in meinem Leben von einer außerehelichen Liebesbeziehung reden kann, dann zu meiner Motorsäge. Das Knattern des Motors ist Musik in meinen Ohren. Der Geruch des verbrannten Kraftstoffs ist für mich wohlriechender als jedes Aftershave. Immer, wenn ich irgendwo höre oder rieche, dass jemand mit einer Kettensäge arbeitet, werde ich neidisch. Da juckt es mich in den Fingern und ich will am liebsten mitmachen. Am schlimmsten ist es, wenn ich irgendein Pflichtkaffeetrinken habe und im Garten sitze und jemand in der Nachbarschaft anfängt zu sägen. Da kann ich dann fast nicht mehr ruhig sitzen und erst recht nicht an der Konversation teilnehmen.

Aus diesem Grund ist der Höhepunkt dieser »außerehelichen Liebesbeziehung«, wenn ich gemeinsam mit meiner Säge im Wald am Arbeiten und am Sägen bin. Ich genieße es, wenn die Kette scharf ist und sich die Säge kraftvoll durchs Holz arbeitet und wenn so richtig die Späne fliegen. Ich liebe den Duft von frischem Holz und ich liebe die Freiheit, im Wald zu arbeiten. Wenn ich dann nach einem langen Arbeitstag im Wald erschöpft und voller Stolz bei einem Feierabendbier auf mein Tagewerk blicke, versuche ich mir vorzustellen, wie viel Holz wohl unsere Vorfahren ohne Kettensäge, an einem Tag geschafft haben. Ziemlich sicher mehr als ich ohne Motorsäge, aber vermutlich nur ein Bruchteil dessen, was ich geleistet habe. Dann bin ich dankbar um meine Kettensäge.

DER ZWECK EINER KETTENSÄGE

Wenn ich meine Säge so anschaue, muss ich sagen: So eine Kettensäge ist das Ergebnis wahrer Ingenieurskunst. Die Konstrukteure haben sich richtig viel dabei gedacht. Die ist nicht einfach so zusammengeschustert. Nein, da steckt unheimlich viel Know-how, Hirnschmalz und Erfahrung drin. Sonst könnten die kleinen Maschinen nicht so effizient arbeiten.

Gott hat uns von Anfang an zu einem bestimmten Zweck geschaffen.

Eines muss man dennoch sagen: Eine Kettensäge ist kein Multitool, das man für alle möglichen Zwecke benutzen kann. Zwar gibt es immer wieder Menschen, die meinen, mit einer Kettensäge Bierflaschen öffnen, Ytong-Steine sägen oder jonglieren zu müssen, doch eigentlich ist die Kettensäge ein Werkzeug, das ausschließlich dafür konstruiert wurde, Holz zu sägen. Sie ist darauf hin konstruiert, Bäume zu fällen oder Brennholz aufzuarbeiten. Diesen Zweck hatten die Ingenieure im Blick, als sie sich ans Reißbrett gesetzt haben. Auf diesen Zweck hin ist jedes einzelne Bauteil wohl überlegt und durchdacht.

Genauso wie ich die Konstruktion der Motorsäge bewundere, bewundere ich die Konstruktion des Menschen. Immer wieder begeistert mich, wie genial Gott den Menschen konstruiert hat. Er hat zum Beispiel eine Pumpe konstruiert, die in der Regel über 70 Jahre nonstop 24/7 läuft. Faszinierend, oder? Und noch faszinierender ist, dass diese Pumpe – unser Herz – läuft, ohne auch nur einmal gewartet werden zu müssen. Das schafft keine einzige Pumpe, die wir Menschen bauen. Aber genauso wie die Ingenieure einer Kettensäge von Anfang an die Säge zu einem bestimmten Zweck und für ein bestimmtes Ziel geschaffen haben, hat Gott den Menschen von Anfang an zu einem bestimmten Zweck und für ein bestimmtes Ziel geschaffen. Im Epheserbrief lesen wir:

Außerdem hat Gott uns – seinem Plan entsprechend – durch Christus zu seinen Erben gemacht. Er, der alles nach seinem Willen und in Übereinstimmung mit seinem Plan ausführt, hatte uns von Anfang dazu bestimmt, mit dem Ziel, dass wir zum Ruhm seiner Macht und Herrlichkeit beitragen – wir alle, die wir unsere Hoffnung auf Christus gesetzt haben.

Epheser 1,11-12; NGÜ

Gott hat uns dazu bestimmt, dass wir zum Ruhm seiner Macht und Herrlichkeit beitragen. Er hat uns von Anfang mit dem Ziel geschaffen, dass wir ihn durch unser Leben groß machen. So, wie eine Kettensäge von Anfang mit dem Ziel geschaffen ist, Holz zu sägen, ist der Mensch dazu geschaffen, zum Ruhm von Gottes Macht und Herrlichkeit beizutragen.

Auf diesen Zweck hin ist jedes einzelne Bauteil, jede einzelne Zelle angelegt. Gott groß zu machen ist der Zweck des Menschen. Es geht also nicht um mich. Ich bin nicht daraufhin konstruiert, dass Gott mir alles gibt, was ich brauche, dass es mir gut geht und dass ich mich wohlfühle. Es geht darum, dass ich durch mein Leben zu Gottes Ruhm und Herrlichkeit beitrage. Dazu bin ich geschaffen, daraufhin ist alles in mir angelegt.

Gott groß zu machen ist der Zweck des Menschen.

ICH LIEBE DEN DUFT

VON FRISCHEM HOLZ.

ICH LIEBE DIE FREIHEIT,

IM WALD ZU ARBEITEN.

RAUS IN DEN WALD

Wenn ich aber mein Leben so anschaue, dann habe den Eindruck, dass ich lieber frisch geputzt im Regal stehen will und mich bewundern lassen will. Ich habe den Eindruck, dass ich durch mein Leben nicht zu Gottes Ruhm beitrage. Ich gehe lieber nicht raus in den Schmutz oder in die Kälte, sondern bin eher bestrebt, frisch aufgetankt im Regal zu stehen. Ich schaue lieber, dass ich gutes, qualitativ hochwertiges Öl bekomme, das mir guttut, und dass die Schneidezähne meiner Kette frisch geschärft sind.

Ganz ähnlich gestalte ich mein Leben als Christ. Ich strebe nach Angeboten, bei denen ich auftanken kann und qualitativ hochwertigen Input bekomme. Ich suche Angebote, bei denen ich geistlich wachsen und Gott erleben kann. Zum Beispiel suche ich meine Gemeinde nach Kriterien aus wie: Da muss ich mich wohlfühlen, der Lobpreis sollte professionell sein und mich ansprechen, die Predigten sollten scharf und alltagsrelevant sein. Und die Gottesdienstbesucher sollten meinem Intellekt und meiner Lebensphase entsprechen. Es bringt mir nichts, wenn ich mich mit 20 alten Damen über mein Leben austausche. Ich, der ich erstens männlich und zweites gefühlt 50 Jahre jünger bin, habe keine gemeinsamen Schnittmengen. Das Resultat: Erfüllt eine Gemeinde diese Kriterien nicht mehr, wechsle ich oder gehe gar nicht mehr hin.

Ich wünschte mir, ich könnte sagen: »Egal, welche Leute da sind, egal, wie der Lobpreis ist, und egal, ob ich mich wohl- und zu Hause fühle: Hauptsache, ich kann Holz sägen und meinen Zweck erfüllen. Hauptsache, ich kann mit meinem Leben zu Gottes Ruhm, Macht und Herrlichkeit beitragen.«

Ich wünschte mir, ich könnte sagen: »Ich suche eine Gemeinde, in der ich den Zweck erfülle, zu dem ich geschaffen bin.« Was aber tue ich? Ich lasse mich volltanken und bleibe dann frisch geschärft in der trockenen, kuscheligen Garage, in der ich mich wohl- und zu Hause fühle. Ich suche mir eine schöne schnuckelige Wohlfühlgemeinde.

***

Und so, wie ich meine Gemeinde aussuche, gestalte ich nach diesen Kriterien auch mein ganzes Christsein. Ich strebe danach, dass ich geistlich wachse, dass ich Gott spüre, dass ich Gott erlebe. Wenn ich ehrlich bin, geht es in meinem Christsein viel um *mich* und *meine* Beziehung zu Gott. Es geht darum, dass ich Gottes Nähe spüren und wahrnehmen kann. Ich kümmere mich also schön darum, dass ich als Säge top in Schuss bin und gut dastehe, dass ich vollgetankt und frisch geschärft bin. Und so gehe ich von einem Event zum anderen, besuche eine Freizeit nach der anderen und höre online Predigten, die mich erfüllen.

Prinzipiell ist eine vollgetankte und frisch geschärfte Säge ja nicht schlecht. Eine Säge kann ja nur sägen, wenn sie betankt ist. Christliche Events sind ja an sich auch nichts Schlechtes, sondern können sehr wertvoll sein. Aber solange eine Säge kein Holz sägt, erfüllt sie eben nicht den Zweck, für den sie konstruiert ist. Solange ich mein Leben nicht zu Gottes Ruhm und Ehre lebe, sondern nur mich selbst betanke, komme ich nicht dem nach, wozu ich geschaffen bin. Es mag hart klingen, aber in meinem Leben geht es nicht um mich. Es geht nicht darum, dass ich geistlich wachse und mich in meiner Gemeinde wohlfühle, sondern es geht darum, dass Gott durch mein Leben die Ehre gegeben wird.

Das bedeutet, eine Säge muss raus in den Wald – bei jedem Wetter und zu jeder Jahreszeit. Und dort im Wald wird sie hart rangenommen. Sie wird kalt gestartet und wird heiß beim Sägen. Sie wird vollgespritzt mit Harz, Dreck, Öl und Benzin. Treu sägt sie Ast für Ast und Stamm für Stamm, den ganzen Tag lang. Doch selten gilt die Bewunderung am Ende des Tages der Säge. Das gesägte Holz wird bewundert und bestaunt, logisch! Die Festmeter, die zusammenkamen, oder die Lichtung, die entstanden ist, stehen im Mittelpunkt. Die Säge dagegen wird oft einfach dreckig und verschlissen wieder in die Garage gestellt. Aber sie hat ihren Zweck erfüllt!

Es geht darum, dass Gott durch mein Leben die Ehre gegeben wird.

Wenn ich als Christ den Zweck erfüllen will, zu dem ich geschaffen wurde, kann es mir ähnlich ergehen. Wenn ich mein Leben zu Gottes Ruhm und Ehre lebe, kann es sein, dass Gott mich in eine Gemeinde schickt, in der mir erst einmal der kalte Wind um die Ohren weht. Es kann sein, dass ich mich dreckig machen muss und dass es hitzig zugeht. Es kann sein, dass ich jahrelang treu Stamm für Stamm absäge, um am Ende mit leerem Tank wieder in die Ecke gestellt zu werden, ohne dass auch nur einer meine Leistung beachtet hat. Aber ich habe meinen Zweck erfüllt. Ich habe mein Leben zu Ruhm von Gottes Macht und Herrlichkeit gelebt.

Die große Beachtung kommt bei einer treuen Kettensäge oft ganz zum Schluss, nämlich dann, wenn sie ihren Dienst zu Ende verrichtet, wenn sie das zeitliche gesegnet hat, dann wird gesagt: »Diese Säge war ihr Geld wert. Diese Säge hat ihren Zweck erfüllt und mir jahrelang treue Dienste geleistet.« Und so wird Gott, wenn ich das Zeitliche segne, hoffentlich auch über mein Leben sagen: »Gut gemacht, mein guter und treuer Diener. Du bist mit diesem kleinen Betrag zuverlässig umgegangen, deshalb will ich dir größere Verantwortung übertragen. Lass uns miteinander feiern!« (Matthäus 25,21).

GEBET ALS INDIKATOR

Ein guter Indikator, um herauszufinden, ob ich mein Christsein für mich und mein Wohlbefinden lebe, oder ob ich dadurch zu Gottes Ruhm und Herrlichkeit beitrage, ist für mich die Art und Weise, wie ich bete. Bringe ich Gott im Gebet immer nur meine Anliegen vor, oder habe ich das Sägen von Brennholz im Blick?

Oft sieht mein Gebetsleben so aus, dass ich Gott eine lange Liste von egozentrischen Wünschen präsentiere, in denen ich Gott um Hilfe in allen möglichen Lebensbereichen bitte. Ich sage ihm schwerpunktmäßig, woran es mangelt und was ich brauche. Gut, wenn ich gut drauf bin – aber meist mehr aus schlechtem Gewissen oder weil man es halt so tut –, suche ich noch nach ein paar Punkten, für die ich danken könnte. Selten beobachte ich mich dabei, dass ich Gott darum bitte, mich zu gebrauchen, dass ich mehr zum Ruhm seiner Macht und Herrlichkeit beitrage.

Bringe ich Gott im Gebet nur meine Anliegen vor, oder habe ich das Sägen von Brennholz im Blick?

Aus diesem Grund habe ich mein Gebetsleben umgestellt. Wenn ich bisher morgens meinen Tag durchdacht habe und überlegt habe, was denn alles ansteht, habe ich dies gerne in mein Gebet umgewandelt. »Ja, himmlischer Vater, du siehst, was heute alles so zu machen ist. Ich weiß gar nicht, wie ich das alles schaffen soll. Bitte hilf mir, dass ich das irgendwie gewuppt bekomme.

Ja, und himmlischer Vater, sei auch bei dem Gespräch heute Mittag, schenkt mir die richtigen Worte und hilf, dass ich die richtigen Entscheidungen treffe. Ach ja, und segne alle Missionare. Amen.« Dann bin ich losgezogen.

Heute will ich anders beten. Ich denke immer noch meinen Tag durch und überlege, was alles so ansteht. Aber dann versuche ich, mich bewusst an dem Zweck auszurichten, zu dem ich geschaffen bin. Ich bete dann: »Herr, ich will heute für dich Brennholz sägen! Ich will heute mit meinem Leben zum Ruhm deiner Macht und Herrlichkeit beitragen. Ich will heute durch mein Leben dir Ehre geben und dich groß machen. Hier bin ich, deine Säge, ich will mich heute mit meinem ganzen Leben dir zur Verfügung stellen. Gebrauche mich.« Das ist dann mein neuer Tagesfokus.

»Herr, ich will heute zum Ruhm deiner Macht und Herrlichkeit beitragen.«

Selbstverständlich ist das kein »Zauberspruch«. Die Dinge, die ich zu tun habe, stehen immer noch an. Es müssen immer noch Entscheidungen getroffen werden, ich muss immer noch gefühlt tausend Leute anrufen. Aber mein Blick ist nicht mehr darauf ausgerichtet, sondern mein Blick ist darauf ausgerichtet, dass ich Brennholz säge. Jetzt können Leute in mein Büro schneien, die mir unter anderen Umständen gerade noch gefehlt haben, weil sie mich von meinen To-dos abhalten könnten.

Aber jetzt habe ich einen anderen Fokus, einen anderen Blickwinkel. Mein Fokus ist jetzt darauf ausgerichtet, dass ich mein Leben für Gottes Ruhm und Ehre gebe. Und nicht selten passiert es mir, dass ich durch diese Leute, die mir eigentlich gerade noch gefehlt haben, mein Leben zu Gottes Ruhm und Ehre lebe, weil ich mir Zeit für diese Menschen genommen haben. Und nicht selten passiert es, dass die angeblich so wichtigen To-dos sich fast von allein erledigen.

Willst du durch dein Leben zu Gottes Ruhm und Herrlichkeit beitragen! Willst du raus in den Wald und Holz sägen?

JEDES GRAMM ZÄHLT!

Bei einer Kettensäge ist alles, jedes einzelne Bauteil, dafür konstruiert, dass sie Holz sägen kann. Alles an der Säge ist vor der Auslieferung perfekt austariert und durchdacht. Da so eine Kettensäge den ganzen Tag durch den Wald getragen werden muss, ist das Gewicht bei der Konstruktion ein ausschlaggebender Faktor. Jedes Gramm zählt. Kettensägen haben keinen Schnickschnack und keine unnötigen Bauteile. Man findet an keiner Motorsäge Elektrostart, Bierflaschenhalter, Scheinwerfer, Werkzeugkasten oder Vesperbox. Über die Fingerheizung im Griff lässt sich zwar streiten, aber der Grundtenor bei der Konstruktion ist: unnötiges Gewicht vermeiden!!

Gott hat uns auch perfekt austariert und durchdacht. Er hat uns vollkommen nach seinem Ebenbild geschaffen. Perfekt geschaffen, um einen Zweck zu erfüllen. Und wenn ich mich jetzt entschieden habe, mich für den Zweck gebrauchen zu lassen, für den ich konstruiert wurde, dann gilt für mich auch dieser Grundtenor: keinen unnötigen Schnickschnack und Ballast!

Manche Dinge sind angenehm und nützlich, aber sie können mich vom Ziel abhalten.

Wie oft schleppe ich unnötigen Schnickschnack, unnötige Lebensbereiche mit rum. Dinge, die mein Leben vielleicht angenehm machen und nützlich sind, aber dennoch können sie mich von meinem Ziel, von dem Zweck abhalten, für das ich konstruiert wurde. Sie kosten mich vor allem Zeit und Kraft und hindern mich daran, dass ich Holz säge und dass Festmeter zusammenkommen. Klar sind diese Dinge, dieser Schnickschnack, ganz nützlich. Ist doch schön, wenn die Säge per Knopfdruck gestartet werden kann oder wenn man das Trinken immer bei sich hat. Es ist aber zusätzliches Gewicht, das uns Kraft und Zeit kostet. Als Säge, die ihrer Bestimmung und ihrem Zweck nachkommen will, muss ich darauf achten, dass wir Gewicht einsparen und unnötigen Ballast entfernen.

An dieser Stelle muss ich aufpassen und die Dinge ein wenig differenzieren. Es gibt unnötigen Ballast, den ich an meine Säge mache, und es gibt Dinge, die meiner Säge schaden und sie zerstören können. Falscher Kraftstoff zum Beispiel kann zu einem Kolbenfresser führen – absoluter Sägen-Killer!

So gibt es auch Bereiche in meinem Leben, die mir und meiner Beziehung zu Gott schaden und sie zerstören können. Die Bibel spricht von Sünde. Und es gibt Bereiche, die im ersten Augenblick nicht falsch sind und nicht im klassischen Sinne als »Sünde« bezeichnet werden können. Bereiche, die mich aber davon abhalten, dass ich meinen Zweck erfülle, für den ich konstruiert bin. Das ist dann Ballast, wie der Flaschenhalter oder der Elektrostart. An sich nicht schädlich, aber wenn sie an meine Säge montiert sind, kann sie ihren Zweck nicht mehr so erfüllen, wie es ursprünglich gedacht ist.

Was ist der Ballast in meinem Leben?
Was ist bei mir der E-Starter, der das unnötige Gewicht verursacht?
Das kann bei jedem von uns ganz unterschiedlich sein.

Hier ein Beispiel aus meinem Leben: Ich habe eine Leidenschaft für Oldtimer. Eine Zeit lang habe ich mich intensiv um die Restauration von alten Käfern gekümmert. Irgendwann habe ich aber gemerkt, dass diese Autogeschichte ein Bierflaschenhalter an meiner Säge ist und mich bei der Erfüllung meines Zwecks einschränkt und mir zu viel Zeit und Kraft kosten. Aber was bei mir die Käfergeschichte ist, kann bei jemandem anderen der Fußball, das Haus, der Hof und der Garten, der Job oder gar die Familie sein.

Ja, du hörst richtig! Ja, sogar die eigene Familie kann zum unnötigen Ballast werden. Das ist jetzt kein Hirngespinst von mir, sondern eine Aussage von Jesus selbst: »Wenn jemand zu mir kommt und hasst nicht seinen Vater, Mutter, Frau, Kinder, Brüder, Schwestern, dazu auch sein eigenes Leben, der kann nicht mein Jünger sein.« (Lukas 14,26; LUT).

Jesus ist da ziemlich offen und direkt. Er sagt: Mit dem »Ballast Familie« kannst du nicht mein Jünger sein und mir nachfolgen. So kann ich dich nicht mit in den Wald nehmen. Bedeutet das, wir sollen unsere Familie sitzen lassen? Natürlich nicht! Aber wenn dir die Familie wichtiger als Jesus ist, dann kann das schwierig werden. Wenn dir wichtiger ist, was deine Familie will, als was Gott will, hast du ein Problem. Dann kannst du nicht mehr deinen Zweck erfüllen, dann kannst du nicht zu Gottes Ruhm und Ehre leben.

Ich glaube, ich muss meine Säge jetzt mal genau anschauen und nachsehen, ob da in der letzten Zeit nicht irgendein Ballast drangekommen ist. Dinge, die mich daran hindern, dass ich durch mein Leben zu Gottes Ruhm und Herrlichkeit beitrage. Am besten setze ich mich gleich mit dem Konstrukteur selbst in Verbindung und frage ihn um seine Einschätzung.

Was ist mit dir?
Hast du E-Starter und Bierflaschenhalter?

ICH HABE SCHLECHTE ERFAHRUNG MIT DEM WALD

TIEFER GRABEN

Warum mache ich das? Warum suche ich mir meine Gemeinde anhand des Kuschelfaktors aus, anstatt nach dem Potenzial an Brennholz Ausschau zu halten?

Vielleicht aus Erfahrung! Vielleicht hält die Erfahrung mich in der Garage. Die Erfahrung der stumpfen Säge. Denn wie oft bin ich schon raus in den Wald und habe Brennholz gesägt wie ein Wilder. Wie oft habe ich mich im »Reich Gottes« eingebracht und investiert. Doch am Ende war nur der Tank leer, meine Kette stumpf und das Material verschlissen.

Wie oft habe ich mich schon in der Gemeinde aufgeopfert und aufgerieben. Wie oft war ich am Schluss erschöpft und fühlte mich völlig verschlissen, ohne auch nur einen Festmeter gesägtes Brennholz gesehen zu haben. Das ist eine frustrierende Erfahrung. Aber vielleicht muss ich mich an dieser Stelle selbst hinterfragen: War ich wirklich im Wald am Holzsägen oder habe ich gar doch auf einer anderen Baustelle gearbeitet? Hatte mein Engagement wirklich das richtige Ziel vor Augen? Nämlich zu Gottes Ruhm, Macht und Herrlichkeit beizutragen? Oder war ich auf einer Baustelle unterwegs, bei der es um den Bau meines eigenen Ruhms und meiner Macht geht?

Wenn ja, dann war ich auf einer Baustelle, bei der die Säge zweckentfremdet wurde – so, wie ich eine Kettensäge von ihrem Zweck entfremde, wenn ich mit ihr Ytong-Steine säge. Das sieht am Anfang zwar alles gut aus, doch der Verschleiß und die Abnutzung beim Sägen sind enorm. Und ganz schnell wird das Sägen nur noch zu einer Qual. Kein Wunder, denn dafür ist eine Kettensäge einfach nicht gebaut.

Also muss ich mich erst einmal ganz ehrlich selbst fragen, ob mein bisheriges Sägen zweckentfremdet war und ich meine eigenen Ziele im Blick hatte. Dann muss ich mich entscheiden, ob ich weiter am eigentlichen Ziel vorbeileben und Ytong sägen will, oder ob ich mein Leben dazu einsetzen will, dass ich zu Gottes Ruhm und Herrlichkeit beitrage.

Aber, Achtung. Klar ist nämlich auch, dass Holzsägen kein Easy-going-Job ist. Auch dabei wird man dreckig, es ist kalt und das Material an der Säge verschleißt.

Geistliches Leben

WARTUNG UND PFLEGE

WIE DU DEIN GEISTLICHES LEBEN INSTAND HÄLTST

3

REGELMÄSSIGE WARTUNG SCHÜTZT VOR VORZEITIGEM VERSCHLEISS

Jede Maschine muss regelmäßig gewartet werden. Ohne regelmäßige Wartung besteht die Gefahr, dass es zu vorzeitigem Verschleiß kommt. Verschlissene und ausgeschlagene Maschinen verlieren an Präzision, verbrauchen unnötig Energie und machen keinen Spaß bei der Arbeit.

Wir hatten uns mal einen Häcksler gemietet. Nach Baumfällarbeiten wollten wir damit die Äste und Zweige klein kriegen. Der Häcksler war eine große Maschine mit viel Kraft und eigenem Dieselmotor. Der Hersteller versprach, dass er »Äste« bis 19 cm Stärke problemlos häckseln kann. Leider war er schlecht gewartet worden. Die Messer waren stumpf. Das Häckseln war zäh und mühsam. Irgendwie hat es zwar funktioniert, aber so richtig glücklich waren wir damit nicht.

Als Nachfolger von Jesus sind wir angehalten, unsere Beziehung zu ihm zu »warten«.

Quält man den Häcksler so weiter, sinkt nicht nur der Spaßfaktor, sondern es leidet auch die Maschine darunter. Durch den höheren Kraftaufwand werden Lager, Wellen und sonstige Teile stärker belastet und schneller verschlissen. Das muss eigentlich nicht sein!

Als Nachfolger von Jesus sind wir angehalten, unsere Beziehung zu Jesus genauso zu warten, wie wir eine Maschine warten und pflegen. Vernachlässigen wir das, besteht die Gefahr, dass unser geistliches Leben stumpf wird und wir an vorzeitigem Verschleiß leiden. Unser Christsein verliert an Präzision und Schärfe; es wird anstrengend und mühsam. Der Spaßfaktor, die Freude am Christsein, geht verloren und wir sind auch nicht mehr richtig einsetzbar für das Reich Gottes.

Wie warte ich mein geistliches Leben?

HABE ICH EIN GEISTLICHES HANDICAP?

Immer wieder komme ich mit Männern über ihr geistliches Leben und ihre Beziehung zu Jesus ins Gespräch. Dann frage ich in etwa so: »Wie geht's dir so in deiner Beziehung mit Jesus?« Meistens kommt eine Antwort, die einen direkten

Zusammenhang mit dem persönlichen Bibelstudium herstellt. Etwa so: »Ja ganz gut, denn gerade schaffe ich es regelmäßig, meine Bibel zu lesen.« Oder »Na ja, zurzeit nicht so, ich mache gerade meine Stille Zeit nicht mehr.«

Das heißt doch, dass die Qualität meiner Beziehung zu Jesus in direktem Zusammenhang mit der Quantität meines persönlichen Bibelstudiums steht, oder? Ist mein geistliches Leben davon abhängig, ob und wie viel ich in der Bibel lese? So höre ich es zumindest öfter von der Kanzel. Und so ging es auch mir mein ganzes Leben als Christ. Das war aber letztendlich oft sehr frustrierend. So sehr ich mich auch bemühte, ich habe einfach keine ausdauernde Regelmäßigkeit hinbekommen.

Für mich persönlich ist ein Hauptproblem dabei, dass ich eine Lese- und Rechtschreibschwäche habe. Lesen und Schreiben sind für mich absolute Schwerstarbeit. Es fällt mir leichter, vierzehn Stunden im Wald Holz zu machen, als zwei Stunden am Schreibtisch zu sitzen und zu schreiben. Gott hat mich mit dieser Schwäche, diesem Handicap geschaffen. So, wie er andere Menschen mit anderen Schwächen und Beeinträchtigungen geschaffen hat.

Ist meine Beziehung zu Jesus davon abhängig, ob und wie viel ich in der Bibel lese?

Wenn jetzt aber die Qualität meiner Gottesbeziehung von der Quantität meines Bibelstudiums abhängt, ich aber starke Einschränkungen in Bezug auf Lesen und Schreiben habe – habe ich dann von Natur aus schlechte Voraussetzungen für eine gute und qualitative Gottesbeziehung? So, wie andere einfach nicht die physischen Voraussetzungen haben, um ein Marathonläufer zu werden, habe ich nicht die richtigen Voraussetzungen für eine gute Gottesbeziehung. Bei mir sind daher die Wartungsarbeiten für mein geistliches Leben langwierig und kompliziert. Kann das stimmen?

Beim Kauf einer billigen Maschine ist es ähnlich. Da hat man auch häufig einen erhöhten Wartungsaufwand. Kann ich also schlussfolgern, dass meine Einschränkung in Bezug auf das Lesen gleichzeitig bedeutet, dass ich auch auf geistlicher Ebene Einschränkungen habe? Dass ich so etwas wie eine geistliche Behinderung habe? Das zu glauben fällt mir allerdings schwer. Denn ich bin überzeugt, dass jeder Mensch die Voraussetzungen dafür hat, eine tiefe, qualitativ gute Gottesbeziehung zu leben, egal, wie seine physischen und geistigen Fähigkeiten sind.

In der Bibel finden wir zwar Anhaltspunkte, dass Menschen mit unterschiedlichen Talenten und Aufträgen ausgestattet werden (zum Beispiel in Matthäus 25,14-30). Doch daraus zu schließen, dass es auch einen Unterschied in der Tiefe der Gottesbeziehung geben soll, finde ich sehr gewagt.

Hat Jesus nicht gerade Menschen ohne große theologische Kompetenz und Ausbildung in seine Nachfolge gerufen? Vier Fischer und ein Zöllner – das ist die uns bekannte Berufsbilanz seiner Jünger. Klingt jetzt nicht gerade nach Schreiberlingen.

DISZIPLIN IST RELATIV

In manchen Büchern über Jüngerschaft und Nachfolge wird immer wieder betont, dass Disziplin der Schlüssel zu tiefem geistlichem Leben ist. Da kommt gerne der Vergleich mit einem Sportler, der auch viel Disziplin und Ausdauer braucht, um seine Ziele zu erreichen. Wenn ein Sportler nicht konsequent trainiert und sich nicht konsequent verbessert, wird er nicht leistungsfähig werden und bleiben. Klingt schlüssig und einleuchtend, oder?

Also fehlt es mir wohl an Disziplin? Ist das etwa die Ursache für mein so armes geistliches Leben? Auch das glaube ich nicht!

Ich glaube, dass Disziplin relativ ist. Wenn mir zum Beispiel ein Pastor, der 160 Kilo auf die Waage bringt und dessen Arbeitszimmer aussieht, als wäre dort ein Papiercontainer explodiert, erklären will, dass es mir an Disziplin fehlt, dann frage ich mich, ob es mir wirklich an Disziplin fehlt oder ob das nicht relativ ist.

Für den Pastor aus meinem Beispiel bedeutet es vielleicht Entspannung und Genuss, wenn er sich am Abend noch die verschiedenen Theorien über die Endzeit zu Gemüte führt. Ich brauche dazu relativ viel Disziplin, um mich abends noch aufzuraffen, um ein Buch zu lesen. Andersherum bedeutet es für mich Entspannung und Genuss, wenn ich mich abends aufs Fahrrad setzen kann und 40 Kilometer strampeln darf. Dazu muss aber der Pastor relativ viel Disziplin aufwenden.

Meine These also ist: Klar fällt es einem Pastor leicht, sich zum regelmäßigen Bibelstudium zu disziplinieren. Deshalb hat er ja auch diesen Beruf gewählt. Weil es ihm von der Hand läuft. Deshalb kann er dann auch gut davon reden, dass Disziplin im Bibelstudium der Schlüssel zum geistlichen Wachstum ist.

In gewisser Hinsicht gebe ich dem Pastor recht: Regelmäßiges Bibelstudium hilft, dass ich geistlich wachse und Gott besser verstehe. Gleichzeitig frage ich mich, ob wir nicht den Maßstab falsch setzen, wenn die Quantität des Bibelstudiums über geistliches Wachstum und die Qualität meiner Gottesbeziehung urteilt. Doch dieser Gedanke hat sich ziemlich tief in uns festgesetzt.

Zum Beispiel war ich vor ein paar Jahren mit einer Jugendgruppe auf einem missionarischen Einsatz. Wir haben evangelistische Jugendabende veranstaltet.

Kann man dichter an Gott dran sein, als wenn ich ein frisch erlebtes Zeugnis von ihm geben kann?

Die Jugendlichen konnten anderen davon berichten, wie Gott ihr Leben verändert hat. Die Abende waren echt ermutigend. Viele Menschen ließen sich einladen und nicht wenige davon entschieden sich für ein Leben mit Jesus. Wir konnten direkt spüren und erleben, wie Gott durch uns in dem Ort wirkte und uns gebrauchte.

Nach ein paar Tagen stellte ich aber eine gewisse Trägheit und Antriebslosigkeit bei den Jugendlichen fest. Sie erzählten mir dann, dass sie sich so fern von Gott fühlten, weil sie in den letzten Tagen vor lauter Arbeit zu wenig Zeit dem Bibelstudium widmen konnten. Kann man denn dichter bei Gott sein, als wenn man Zeugnis von ihm und seiner Botschaft geben kann? Kann man dichter an Gott dran sein, wenn man live miterlebt, wie andere Menschen zum Glauben an Jesus Christus finden? Ist da der Maßstab noch richtig?

Aber woran messen wir geistliches Wachstum und die Qualität unserer Gottesbeziehung dann?

JEDER MENSCH HAT

DIE VORAUSSETZUNGEN DAFÜR,

EINE TIEFE, QUALITATIV GUTE

GOTTESBEZIEHUNG ZU LEBEN.

AUCH WIR MÄNNER!

WIE DIE JÜNGER VON JESUS IHREN HÄCKSLER WARTEN SOLLEN

Wenn ich unserem Häcksler zwar immer schön die Lager schmiere und die Maschine schön sauber halte, ist das natürlich schon mal gut. Aber wenn ich nie die Messer schärfe, habe ich vermutlich auch den falschen Maßstab. Denn wenn die Messer nicht scharf sind, muss die Maschine unter Last ganz schön kämpfen und wird unnötig beansprucht. Es ist auch nur frustrierend, mit ihr zu arbeiten. Nicht, dass das Schmieren der Lager nicht wichtig ist. Aber es bringt wenig bei stumpfen Messern. So habe ich meinen Maßstab falsch angesetzt.

Das Schmieren der Lager ist wichtig. Aber es bringt wenig, wenn die Messer stumpf sind.

Wie warte und pflege ich nun meine Gottesbeziehung, wenn das Bibelstudium nicht der Maßstab ist? Was tue ich, damit ich mich nicht Stück für Stück von Gott entferne? Was tue ich, damit mein geistliches Leben nicht unscharf wird? Denn wie das gehen kann, können wir schön in der Bibel beobachten. Immer, wenn das Volk Israel seine Gottesbeziehung schleifen ließ, wenn sie die Wartung vernachlässigt haben, dann haben sie sich von Gott entfernt, bis sie dann letztendlich irgendwelche Götzen von anderen Völkern angebetet haben.

***

Auch Jesus ermutigt seine Jünger dazu, ihre Gottesbeziehung zu pflegen. Kurz vor seinem Tod gibt er ihnen dazu noch ein paar wichtige Hinweise. Leider gab es zu dieser Zeit noch keine Maschinen, die Jesus als Bild hätte nehmen können, um die Wartung und Pflege der Gottesbeziehung zu erklären. Deshalb nimmt Jesus ein Bild aus der Landwirtschaft: den Weinstock.

Im Johannesevangelium erklärt Jesus, wie wichtig es für eine Rebe ist, am Weinstock zu bleiben, wenn sie Frucht bringen soll: »Ich bin der Weinstock; ihr seid die Reben. Wer in mir bleibt und ich in ihm, wird viel Frucht bringen« (Johannes 15,5). Er fordert seine Jünger auf, ihr geistliches Leben zu warten und zu pflegen. Sie sollen an ihm, am Weinstock bleiben, um Frucht zu bringen – so, wie der Häcksler gewartet werden muss, um Durchsatz bringen zu können.

Okay, dieser Vers ist nichts Neues. Aber was meint Jesus, wenn er davon spricht, dass wir »in ihm« bleiben sollen? Wie geht das? Ich muss gestehen, dass das eine Frage ist, die mich seit Langem beschäftigt und für die ich immer noch keine zufriedenstellende Antwort gefunden habe.

Bislang ging ich davon aus, dass es genau die geistlichen Rituale und Prinzipien sind, bei denen meine Einschränkungen im Lesen und Schreiben zum Tragen kommen und die mir so unheimlich viel Disziplin und Kraft abverlangen, wie das regelmäßige Bibelstudium. Das habe ich jetzt 25 Jahre lang mit mäßigem Erfolg probiert. Nach so vielen Jahren, in denen ich Jesus nachfolge, habe ich aber immer noch ständig das Gefühl, nicht richtig am Weinstock zu sein. Und wenn ich mein geistliches Leben anschaue, stellt sich nach wie vor das Gefühl ein, dass ich ein schlechter Christ bin. Dabei bin ich im hauptamtlichen Dienst, bin quasi ein Berufschrist.

**Eines weiß ich sicher:
Ich möchte Jesus von ganzem Herzen und mit meinem ganzen Leben nachfolgen und ihm dienen.**

Und ich weiß auch, dass ich da nicht alleine bin. Das zeigen mir die Erfahrungen, die ich im Rahmen meiner Männerarbeit gemacht habe. Mit vielen Männern habe ich schon darüber gesprochen und immer wieder festgestellt: Ihnen geht es genauso!

BEREIT, EINMAL ANDERS ZU DENKEN?

Ein kleines Stück bin ich der Sache nähergekommen. Bist du bereit, einmal anders zu denken? Ich glaube nämlich, Jesus gibt uns in seinem Bild mit dem Weinstock und den darauffolgenden Versen zumindest einen Teil der Antwort.

Er fordert seine Jünger auf, in seiner Liebe zu bleiben (Vers 9). In der Liebe von Jesus zu bleiben, ist für mich eine konkrete Art, am Weinstock zu bleiben, eine konkrete Art, mein geistliches Leben zu warten und zu pflegen. Doch wie bleibe ich in der Liebe? Das erklärt Jesus im 10. Vers: »Wenn ihr meine Gebote haltet, bleibt ihr in meiner Liebe.« (LUT)

Ich weiß, Halten von Geboten klingt im ersten Moment nicht sehr spannend und männlich. Es riecht viel mehr nach Altem Testament und einem erhobenen Zeigefinger. Doch Jesus hört an dieser Stelle ja nicht mit dem Reden auf, sondern fährt fort. Er sagt: »Das ist mein Gebot, dass ihr einander liebt, wie ich euch liebe« (Vers 12; LUT).

In der Liebe von Jesus zu bleiben, ist eine konkrete Art, um am Weinstock zu bleiben.

Jetzt klingt das Wort Liebe für mich als Mann im ersten Augenblick immer noch nicht viel attraktiver als das Halten der Gebote. Bei mir kommen da immer schnell Gedanken wie: »Friede, Freude, Eierkuchen« auf. So nach dem Motto: »Hauptsache wir haben uns alle lieb und tun uns nicht gegenseitig weh.« Zudem ist das Wort »Liebe« in unserem Kontext schon so oft missbraucht und falsch verstanden worden. Um das mit der Liebe richtig zu erklären, muss ich dich kurz mit Griechisch, dem Urtext der Bibel konfrontieren. Keine Angst, es kommt keine lange theologische Abhandlung. Im Griechischen steht hier *Agape*. Die Agape will viel mehr als nur Händchen halten. Die Agape ist eine bedingungslose Liebe. Sie sagt nicht: »Ich liebe dich, wenn du mir dies oder jenes gibst oder tust.« Sie fordert keine Gegenleistung, sondern sie schenkt sich frei her. Und sie ist nicht auf sich selbst, sondern auf andere fixiert.

Ich bin der wahre Weinstock und mein Vater ist der Weingärtner. Er schneidet jede Rebe ab, die keine Frucht bringt, und beschneidet auch die Reben, die bereits Früchte tragen, damit sie noch mehr Frucht bringen. Ihr seid schon durch die Botschaft, die ich euch gegeben habe, beschnitten. Bleibt in mir, und ich werde in euch bleiben. Denn eine Rebe kann keine Frucht tragen, wenn sie vom Weinstock abgetrennt wird, und auch ihr könnt nicht, wenn ihr von mir getrennt seid, Frucht hervorbringen. Ich bin der Weinstock; ihr seid die Reben. Wer in mir bleibt und ich in ihm, wird viel Frucht bringen. Denn getrennt von mir könnt ihr nichts tun.

Wer nicht in mir bleibt, wird fortgeworfen wie eine nutzlose Rebe und verdorrt. Solche Reben werden auf einen Haufen geworfen und verbrannt. Doch wenn ihr mit mir verbunden bleibt und meine Worte in euch bleiben, könnt ihr bitten, um was ihr wollt, und es wird euch gewährt werden! Darin wird mein Vater verherrlicht, dass ihr viel Frucht hervorbringt und meine Jünger werdet. Ich habe euch genauso geliebt, wie der Vater mich geliebt hat. Bleibt in meiner Liebe. Wenn ihr mir gehorcht, bleibt ihr in meiner Liebe, genauso wie ich meinem Vater gehorche und in seiner Liebe bleibe. Ich sage euch das, damit meine Freude euch erfüllt. Ja, eure Freude soll vollkommen sein! Ich gebiete euch, einander genauso zu lieben, wie ich euch liebe. Die größte Liebe beweist der, der sein Leben für die Freunde hingibt.

Johannes 15,1-13

Die Agape wird im Neuen Testament oft dafür verwendet, um die Liebe Gottes zu uns Menschen auszudrücken. Die Agape steht quasi für eine Art göttliche Liebe, eine Liebe, der nichts zu schade ist, die bereit ist, für den anderen alles zu geben; ja bis hin zum eigenen Leben. Und genau das sagt dann Jesus in Vers 13: »Die größte Liebe beweist der, der sein Leben für die Freunde hingibt.« Das ist jetzt »das Gebot« von Jesus, dass wir einander lieben mit dieser Agape, dieser freigiebig schenkenden Liebe, die keine Gegenleistung erwartet und keine Hintergedanken hat. Mit dieser Liebe sollen wir uns begegnen. Dann bleiben wir in der Liebe Gottes.

Das ist jetzt *das* Gebot von Jesus, dass wir einander mit dieser Agape lieben.

Das Tolle ist: Er liebt uns mit dieser Agape und wir dürfen sie weitergeben. Und indem wir in der Liebe Gottes bleiben, bleiben wir auch am Weinstock. Dann warten und pflegen wir unsere Gottesbeziehung. Dann bleiben wir scharf und verhindern unnötigen Verschleiß.

EINE HAND WÄSCHT DIE ANDERE?

Für mich persönlich macht das einen großen Unterschied. Ob ich nun meine Gottesbeziehung anhand der Quantität von geistlichen Prinzipien oder an Emotionen festmache, oder ob ich sie an der Agape, der frei herschenkenden Liebe, messe. Ich sage nicht, dass das einfacher ist. Wie oft helfe ich anderen Menschen nur aus Berechnung? Ich denke gerne: »Wenn ich dem heute meine Handkreissäge ausleihe, dann kann ich beim nächsten Mal bestimmt seinen Anhänger haben.« Solches »Eine Hand wäscht die andere«-Denken ist Berechnung, nicht Agape. So arbeiten und denken wir Männer gerne. Nicht, dass dieses Denken falsch ist. Aber es ist eben auch keine Agape, kein »am Weinstock bleiben«. Damit pflegen wir Beziehungen zu anderen Menschen, aber nicht *zu* Gott und nicht *aus* ihm.

Ich habe Freunde, die mir mit Agape begegnen. Ich habe Freunde, die mir sehr viel in der Männerarbeit helfen und mich unterstützen. Aber sie helfen mir nicht nur außergewöhnlich viel in der Männerarbeit, sondern auch außerhalb. Sie reparieren mein Auto, helfen mir beim Umzug, bauen mit mir eine neue Küche ein … Mir wurde so viel geholfen, ohne dass ich das in irgendeiner Weise wieder ausgleichen könnte. Wenn ich sie dann auf mein Dilemma anspreche, zucken sie nur mit den Schultern und meinen: »Passt schon, alles gut.« Das ist für mich gelebte Agape. Nebenbei, einer dieser Freunde liest nur schwerlich in einem Buch, kämpft also mit der gleichen geistlichen »Behinderung« wie ich.

Versteh mich bitte nicht falsch. Das Letzte, was ich sagen will, ist, dass die Bibel nicht so wichtig ist, solange wir uns alle irgendwie lieb haben und uns gegenseitig nicht wehtun. Die Bibel ist und bleibt die einzig zuverlässige Informationsquelle über den Charakter und das Wesen Gottes. Sie ist und bleibt die einzige zuverlässige Quelle darüber, wie Jüngerschaft und das Leben in der Nachfolge aussieht. Und diesen Schatz, den die Bibel für uns hat, sollte »Mann« unbedingt heben.

Aber: Männer dürfen sich nicht als schlechte Christen fühlen, nur weil sie nicht wissen, dass der Hiskija-Tunnel im 8. Jahrhundert v. Chr. von König Hiskija erbaut wurde und dass er von der Gihonquelle in den Teich von Siloah fließt. Ich will, dass wir den Maßstab unserer Gottesbeziehung nicht anhand unserer Disziplin beim Bibellesen setzen.

Übrigens: Ich finde, dass die Agape ziemlich männlich ist, weil sie bis ans Äußerste geht. Sie hört nicht auf, wenn es unangenehm wird. Sie nimmt keine Rücksicht auf persönliche Verluste, sondern sie sieht ausschließlich den anderen. Sie erinnert mich ein bisschen an die ganzen Heldenfilme, in denen der Hero aus Liebe (Agape) sein Leben für andere lässt. Nicht um der Ehre wegen, sondern um der Agape willen.

HELDEN GESUCHT!

Wenn ich mir also in Zukunft Gedanken über mein geistliches Leben mache und mir überlege, wie ich meine Beziehung zu Gott warte und pflege, will ich nicht vorrangig schauen, wie die Quantität meiner geistlichen Rituale und meines Bibelstudiums aussieht, sondern ich will prüfen, wie oft ich Agape in meinem Alltag lebe. Die Agape kann ich übrigens immer und überall leben, sobald ich mit anderen Menschen Berührungspunkte habe. Zu Hause bei meiner Familie, in der Verwandtschaft, im Straßenverkehr, beim Einkaufen im Supermarkt, in der Nachbarschaft und natürlich auch am Arbeitsplatz.

Die Agape ist eine göttliche Liebe! Daher sind wir auf göttliche Hilfe angewiesen, wenn wir sie leben wollen.

Stell dir mal die Reaktion deiner Kollegen vor, wenn du ihnen auf einmal mit Agape begegnest. Das heißt, du tust Dinge für andere, von denen du offensichtlich keinen Nutzen hast, nicht einmal in einer langfristigen Perspektive. Aber Achtung, die Agape ist eine göttliche Liebe! Das bedeutet,

wenn wir Agape leben wollen, sind wir auf göttliche Hilfe angewiesen. Allein schaffen wir das nicht, weder du noch ich. Deshalb mach es doch bewusst gemeinsam mit Gott. Nimm ihn in deine Agape-Projekte mit hinein, und seien sie noch so banal.

***

Angenommen, du bist ein eingefleischter Eintracht-Frankfurt-Fan. Und es läuft das Europa-League-Viertelfinale: Eintracht gegen Lissabon. Seit 24 Jahren war Eintracht nicht mehr unter den ersten acht eines internationalen Wettbewerbs. Du hast dich seit Tagen darauf gefreut, dich vorab mit Bier und Chips eingedeckt. Und dann klingelt das Telefon. Nur auf Drängen deiner Frau gehst du ran. Es ist ein Kollege, der ein Problem mit seinem Auto hat und dich um Hilfe bittet. Du kannst jetzt entscheiden, ob du ihn abwimmelst oder ihm verärgert den Gefallen tust.

Oder du machst es zu einem Agape-Projekt und betest: »Herr, ich habe zwar nicht die geringste Lust, auch nur eine Minute des Spiels zu verpassen. Es bringt mir keinen Vorteil, wenn ich jetzt meinem Kollegen helfe. Aber ich will Agape leben, ich will meine Beziehung zu dir pflegen und warten und dir durch mein Leben Ehre geben.«

Noch einmal: Die Agape ist eine göttliche Liebe, keine menschliche. Agape kannst du nicht selber machen. Da bist du auf Gottes Hilfe angewiesen. Also mach nicht den Fehler und versuche ab morgen früh mehr Agape zu leben. Das wirst du nicht alleine schaffen. Wer wartet denn dein Auto? Du selber? Die wenigsten von uns können selbst den Kundendienst am Auto machen. Du kannst vielleicht hören, dass da ein Riemen quietscht und leidet, oder du siehst die Servicelampe im Armaturenbrett leuchten. So ist vielleicht auch deine Gottesbeziehung ins Leiden geraten und du musst feststellen, dass deine Agape-Bilanz schlecht aussieht.

Also ruf den Kundendienst an.

Bitte Jesus um Hilfe. Bitte ihn darum, dass er dir Agape schenkt und du wieder am Weinstock sein kannst.

Lass ihn deine Messer schärfen und werde zum Agape-Helden!

BAGGER ODER RAD LADER

WAS ES EIGENTLICH HEISST, EIN MANN ZU SEIN

4

WIE KANN ICH EINEN BAGGER VOM RADLADER UNTERSCHEIDEN?

Mein 4-jähriger Sohn ist absoluter Fan von Maschinen und Fahrzeugen. Wir kommen an keinem Bagger oder Traktor vorbei, ohne dass dieser genau inspiziert wird. Seine Lieblingsbücher sind natürlich Bücher mit Maschinen und Fahrzeugen. Am liebsten sind ihm Bagger, Traktoren und Radladern. Diese Bücher muss Papa immer wieder vorlesen. Wenn man allerdings eine gewisse technische Affinität besitzt, fordert das Lesen solcher Bücher einen ganz schön heraus. Denn so mancher Zeichner von Kinderbüchern hat sich nicht wirklich mit den Maschinen und deren Funktionen beschäftigt. Da sind dann zum Beispiel Bagger ohne Drehkranz dabei, was bedeutet, dass der Bagger sich nicht drehen kann. Sehr beliebt ist auch, das Reifenprofil von Traktoren falsch herum zu malen, sodass der Traktor eigentlich immer rückwärst fährt.

Spannend finde ich auch die Bezeichnungen der Fahrzeuge. Ein Unimog, der eigentlich als »Universal-Motor-Gerät« bezeichnet wird, wird dann schnell zu einem Kleinlastwagen. Ein Radlader wird zum Frontlader oder Bagger. Und wenn er dann noch Gabeln hat, ist man auch schnell mal beim Gabelstapler.

Ich achte natürlich beim Vorlesen darauf, dass ich die Fahrzeuge richtig benenne. Wenn aber meine Frau oder sonst jemand die Bücher vorliest, ist das nicht mehr gewährleistet. Die Folge ist: Weil alles so schwammig ist, kommt der kleine Mann völlig durcheinander. Wenn es so weitergeht, kann er zum Schluss wirklich nicht mehr einen Radlader von einem Bagger unterscheiden. Aber versprochen: ich werde mein Bestes tun, dass es nicht so weit kommt!

***

Genauso schwammig wie der Unterschied zwischen einem Bagger und einem Radlader für meinen Sohn ist, ist mittlerweile der Unterschied zwischen Mann und Frau. Was sind heute noch männliche Wesenszüge? Was ist *typisch Mann*? Natürlich gibt es genug Klischees und Vorurteile wie: Männer sind aggressiv, gewalttätig und brutal. Dass das nicht alles sein kann, ist klar. Aber gibt es heute

Was sind heute noch männliche Wesenszüge, abseits von Klischees?

noch typische männliche Wesenszüge, die nicht negativ belegt und trotzdem gesellschaftsfähig sind?

Wie wäre es zum Beispiel mit »Männer sind mutig?«. Nein, geht nicht! Es gibt doch so viele feige Männer, die nicht ihre Verantwortung übernehmen und die Frau mit den Kindern allein lassen. Und gibt es nicht auch viele mutige Frauen, die gerade deshalb »ihren Mann stehen«.

Okay, wenn nicht mutig, wie wär's dann mit: »Männer sind gute Führungskräfte und Leiter?«. Nein, geht auch nicht! Den Männern fehlt doch oft genau das feminine Potenzial, um gute Leiter zu sein. Frauen haben doch viel mehr Empathie, Feingefühl und Sozialkompetenzen als Männer. Männer müssen diese Skills erst einmal mühsam erlernen – wenn sie es jemals lernen.

Aber welche Wesenszüge könnten dann männerspezifisch und trotzdem positiv sein? Meine Frau meinte: »Männer sind doch Gewinnertypen, die sind doch ehrgeizig im Spiel, die kämpfen sich durch, …« Stimmt, da hat sie recht, klingt erst mal gut. Doch beim weiteren Nachdenken fällt mir auf, dass diese Zielstrebigkeit und der Kampfgeist ziemlich schnell auch ins Negative umschlagen können. »Männer müssen immer gewinnen, es braucht bei denen immer einen Sieger. Man kann nicht einfach mal ein Spiel um des Spielens willen spielen. Nein! Die müssen immer der Platzhirsch sein …« Ich merke, das wird nicht so einfach.

MISCHFORMEN UND DEFINITIONSPROBLEME

Aber was ist dann noch männlich? Was ist Männlichkeit? Was unterscheidet uns – außer den körperlichen Merkmalen – vom weiblichen Geschlecht? Andere Frage: Was unterscheidet einen Bagger von einem Radlader? Diese Frage scheint im ersten Moment einfacher zu sein. Ist doch klar! Ein Radlader hat Räder und der Bagger Ketten. Ach stimmt, es gibt ja auch Radbagger, die haben auch Räder. Und beide, Bagger und Radlader, haben eine Schaufel. Zwar sagt man zu der Schaufel des Baggers Löffel, aber trotzdem ist es eine Art Schaufel. Und wenn man jetzt noch nicht ins Schwimmen gekommen ist, dann kommt man spätestens dazu, wenn man zum ersten Mal einem Baggerlader begegnet. Der sieht von vorne aus wie ein Radlader, aber hinten hängt ein Bagger dran. Was ist das jetzt: ein Bagger oder ein Radlader? Schwierig zu sagen.

So geht es uns, wenn wir über Männlichkeit und männliche Wesenszüge nachdenken. Wir kommen ins Schwimmen. Es ist nicht mehr klar zuzuordnen. Das bewirkt, dass viele Männer nicht mehr wirklich wissen, wer sie sind. Das eine, was

sie dachten zu sein, wird zunehmend auch von Frauen beansprucht. Und das andere wiederum, was ihnen zugesprochen wird, wollen sie gar nicht sein. Und so werden wir auf einmal zum Baggerlader. Kein richtiger Bagger, aber auch kein Radlader.

Wir sollen schon irgendwie Mann sein, aber bitte mit den guten, weiblichen Wesensmerkmalen ausgerüstet. Was aber richtige Männlichkeit bedeutet, sagt uns keiner mehr. Es ist schwammig und unklar. Bei den Baumaschinen dagegen gibt es durchaus klare Definitionen für den Unterschied zwischen Radlader und Bagger. Es gibt Fahrbagger und es gibt Standbagger. Radlader gehören zur Gruppe der Fahrbagger. Sie verrichten im Gegensatz zum Standbagger ihre Arbeit nur durch die Bewegung der gesamten Maschine. Standbagger dagegen verrichten ihre Arbeitsaufgabe weitgehend von einer Stelle aus. Die Bewegung der Maschine erfolgt unabhängig davon. Somit gehört der Baggerlader auch zu den Fahrbaggern und ist dem Radlader zuzuordnen. Ganz einfach, oder?

Wenn wir über Männlichkeit nachdenken, kommen wir ins Schwimmen.

WAS IST EIGENTLICH NOCH MÄNNLICH?

Die Definitionen von Baggern konnte ich in wenigen Minuten im Internet recherchieren. Aber wo finde ich denn jetzt eine klare Definition für Männlichkeit? Versuche doch einmal dein Glück im Internet. Das wird uferlos! Je nachdem, wen man fragt oder wo man nachschaut, bekommt man unterschiedliche Antworten, die unterschiedlicher nicht sein könnten.

Schaut man zum Beispiel bei sehr radikal eingestellten Frauenbewegungen, drängt sich der Eindruck auf, dass das männliche Geschlecht an sich nur noch den Zweck der Fortpflanzung zu erfüllen hat. Alles andere kann anscheinend von Frauen schneller und besser erledigt werden. Wenn man solchen Ideologien dann noch einen wissenschaftlichen Anstrich gibt, dann wirkt es sogar glaubhaft. Auf der anderen Seite schwirren immer noch Rollenbilder in den Köpfen herum, bei denen die Frau aufs Gebären und auf den Herd beschränkt wird.

Zum Glück haben wir Christen einen Leitfaden, der unabhängig von Kultur- oder Gesellschaftsveränderungen ist. Und in dem nicht der Fokus auf der Beschränkung oder Zurückweisung von einem der beiden Geschlechter liegt. Wir haben die Bibel als verlässliche konstante Wahrheit. Deshalb liegt es doch nahe, dass wir schauen, was denn die Bibel zu Männlichkeit und männlichen Wesenszügen sagt. Voller Hoffnung habe ich mich dann auch an die Arbeit gemacht. Doch das erwies sich als gar nicht so einfach.

DIE DEFINITION VON BAGGERN LÄSST SICH IN WENIGEN MINUTEN IM INTERNET RECHERCHIEREN.

ABER WO FINDET MAN DENN EINE KLARE DEFINITION FÜR MÄNNLICHKEIT?

Im Schöpfungsbericht erfahren wir zum Beispiel nur, dass Gott Mann und Frau schuf, und dass er sie als männlich und weiblich schuf (1. Mose 1,27). Aber das hilft nicht weiter bei unserer Suche nach der biblischen Männlichkeit. Denn diese Stelle verrät uns nicht, inwieweit »männlich« und »weiblich« zu füllen sind. Sie verrät nur, dass Mann und Frau wesensgleich und doch unterschiedlich sind. So wie der Bagger und der Radlader. Beide sind wesensgleich. Beide sind Erdbaugeräte. Beide dienen zum Lösen, Laden, Transportieren, Einbauen und Verdichten von Erdmassen.

Die Bibel verrät uns nicht, was »männlich« und »weiblich« inhaltlich wirklich bedeutet.

Auf diese Weise sind Mann und Frau wesensgleich. Beide dienen dazu, ein Leben zu Gottes Ruhm und Ehre zu leben. Beide haben die gleiche Aufgabe. Nur, dass sie das mit unterschiedlichen Mitteln und unterschiedlichen Herangehensweisen und Gaben tun. Wie aber diese unterschiedlichen Herangehensweisen aussehen, verrät uns der Schöpfungsbericht leider nicht. Doch ich muss feststellen, dass auch viele andere Stellen der Bibel mir hier nicht wesentlich weiterhelfen können.

Wenn du wissen willst, warum nicht, dann muss du *tiefer graben*.

MEINEN STÄRKEN GEMÄSS EINGESETZT

Dass die Bibel uns nicht eindeutig erklärt, was Gott unter männlichen Wesenszügen versteht, klingt hart. Wie schön wäre es gewesen, wenn Jesus mal gesagt hätte: »Ihr Männer: Gott hat euch geschaffen, damit ihr so und so seid.« Hat er aber leider nicht. Und jetzt? Wissen wir immer noch nicht, wer wir sind. Sind wir jetzt Bagger oder Radlader?

Woher weiß ein Bagger, dass er ein Bagger ist? Er kennt die Definition seines »Bagger-Daseins« wahrscheinlich eher nicht, aber der Konstrukteur und Schöpfer kennt sie. Ein Bagger tut, was er tun muss: er baggert. Er gräbt und arbeitet dort, wo ihn der Baggerfahrer, der in seiner Kabine sitzt, hinsteuert.

Kennt der Bagger die Definition seines »Bagger-Daseins«? Vielleicht nicht, aber der Konstrukteur.

Jetzt stellt sich die Frage, wer den Bagger steuert. Ist es ein Kind oder ein gelernter Maschinenführer? Ein Kind wird sich beim Baggern viel mehr auf die Maschine an sich konzentrieren. Es wird darauf achten, dass die Kraft und Stärke der Maschine voll zur Geltung kommt und seine Leistung voll ausgeschöpft wird. Es wird darauf achten, dass der Löffel möglichst voll ist. Beim gelernten Maschinenführer dagegen steht die Aufgabe, die auf der Baustelle zu verrichten ist, im Vordergrund. So achtet er zum Beispiel darauf, dass die Baugrube sauber ausgekoffert wird. Wenn der Maschine dabei Kraft und Leistung abverlangt wird, dann ist das okay, aber es steht nicht im Mittelpunkt.

Und noch etwas. Im Gegensatz zum Kind setzt der gelernte Maschinenführer den Bagger so ein, dass es zu den spezifischen Funktionsweisen passt. Er verwendet den Bagger so, dass genau die Charaktereigenschaften, die einen Bagger ausmachen, zur Geltung kommen. Dann ist gar nicht mehr so elementar, dass der Bagger »weiß«, was ihn ausmacht und was ihn vom Radlader unterscheidet. Denn der Maschinenführer weiß es und er kann den Bagger entsprechend steuern.

Zugegeben: Der Vergleich lässt sich nicht ganz konsequent zu Ende denken. Ein Bagger denkt ja überhaupt nicht. Aber trotzdem gibt es eine Parallele: Vielleicht muss auch ich nicht zwingend wissen, welche spezifisch männlichen Wesenszüge sich Gott bei der Konstruktion des Mannes gedacht hat. Vielleicht reicht es, wenn Jesus als der Maschinenführer in meiner Kabine sitzt und mein Leben so lenkt, dass meine männlichen Wesenszüge zum Tragen kommen. Denn er wird sich – im Gegensatz zu mir – nicht darauf konzentrieren, dass der Bagger zur Geltung kommt und seine Leistung voll ausgeschöpft wird. Nein, er wird die Aufgabe, die Baugrube, im Blick behalten.

Reicht es, wenn Jesus als der Maschinenführer in meiner Kabine sitzt und mein Leben lenkt?

Ich muss mich jetzt fragen: Wer sitzt in mir? Ist es das unmündige Kind, das willkürlich baggert und sich nur auf die eigene Kraft und Stärke konzentriert? Ist es das Kind, das nur darauf achtet, dass der Löffel voll ist und die eigene Leistung voll zum Tragen kommt? Oder ist es Jesus, der an meinem Steuer sitzt? Ist es Jesus, der mich gemäß meiner spezifischen männlichen Eigenschaft einsetzt. Ist es Jesus, der den Blick auf die Aufgabe und das Ziel meiner Baustelle hat? Nämlich ein Leben zu Gottes Ruhm und Ehre zu leben.

BAGGER LIEBEN RISKANTE MANÖVER

Gott in »meinen Bagger«, das heißt ans Steuer meines Lebens zu lassen, sagt sich immer so leicht. Aber wie geht das praktisch? Wie soll ich Gott an das Steuer meines Lebens lassen? Das kann ich in dem Bild mit dem Bagger im Kopf zwar gut verstehen, das klingt logisch. Aber nun stellt sich die Frage, wie ich das auch in meinem Leben umsetzen kann.

Ein Bagger ist ja darauf angewiesen, dass er das Steuer jemand anderem überlässt. So ist er konstruiert; er kann gar nicht anders. Bei mir ist das nicht so! Entweder bin ich anders konstruiert, oder ich habe es verlernt. Ich weiß es nicht. Mir fällt es ja schon schwer, die Kontrolle über mein Auto an jemand anderen abzugeben. Erst recht, wenn ich danebensitzen muss und zuschauen soll.

Und wie jetzt weiter? Ich muss gestehen, dass das eines der spannendsten Themen in meinem Leben ist. Ich muss auch gestehen, dass ich an dieser Stelle keinen »Fünf-Schritte-zum-Erfolg«-Plan geben kann. Auch wenn das natürlich sehr schön wäre. Zurzeit hänge ich zu diesem Thema aber folgenden Gedanken nach.

Bei mir und in meinem Umfeld erlebe ich, dass viele Männer den Schritt ins Ungewisse an sich lieben. Männer lieben eigentlich den Nervenkitzel und das Risiko, Neues zu wagen und sich den unmöglichsten Herausforderungen zu stellen. Schau doch mal zu den Risikosportarten. Dort sind die Männer die Mehrheit. Risikosportler lieben die Herausforderung durch die Gefahr. Sie lassen sich auf hochgradig unsichere Situationen und Aufgaben ein und genießen den Nervenkitzel.

Männer lieben den Nervenkitzel und das Risiko, sich den unmöglichsten Herausforderungen zu stellen.

Ich habe gelesen, dass Risikosportler meist nicht die Gefahr an sich suchen, sondern versuchen, diese zu meistern, um ein höheres Ziel zu erreichen.[1] Und eigentlich mache ich bei den riskanten Dingen, die ich so gerne treibe, genau das: Ich gebe die Kontrolle über mein Leben ab. Es ist nicht klar, wie die Sache ausgehen wird. Aber: Wenn ich Gott das Steuer des Baggers überlasse, ist das keineswegs ein hilfloses »Ach Hilfe, ich kann das doch gar nicht richtig. Mach du doch mal.« Es ist auch kein »Okay, ich gebe auf, steure mich halt so, wie du willst.« Nein, damit wage ich bewusst ein Risiko. Im Vertrauen auf Gott die Kontrolle abgeben, das ist ein echtes Wagnis, denn letztlich weiß ich nicht, was passieren wird. So wie Jonathan, der zu seinem Waffenträger sagt: »Es ist dem Herrn nicht schwer, durch viel oder wenig zu helfen« (1. Samuel 14,6; LUT). Und dann geht er los.

AUF DAS RISIKO GESETZT

In meinem Leben hat sich gezeigt, dass sich das Risiko gelohnt hat. Ursprünglich war ich Ingenieur und hatte einen guten Job in der Kraftwerksindustrie. Bis Gott – der Maschinenführer meines Lebens – mich auf eine andere Baustelle berufen hat. Ich bin das Risiko eingegangen und habe meinen gut bezahlten Job gekündigt, um dann bei der Liebenzeller Mission als Quereinsteiger – ohne theologische

Ausbildung – weiterzugraben. Während meine Kollegen diesen Schritt schon fast gefeiert und mich um meinen Mut beneidet haben, waren die Stimmen aus dem »frommen Lager« und dem Familienkreis kritischer. »Wie kannst du nur solch eine Stellung und solch einen Job aufgeben! Denk doch auch an deine Familie, worauf deine Kinder alles verzichten müssen, wenn du von Spenden leben musst. Überleg dir das bitte gut!« Heute bin ich nun schon über zwölf Jahre bei der Liebenzeller Mission und ich muss sagen: Das Risiko hat sich gelohnt.

Wir haben noch nie erlebt, dass das Geld vor dem Monat zu Ende war. Wir haben alles, was wir brauchen. Man kann schon fast von Überfluss reden. Schaut her, ich fahre einen dicken Benz (Vito), ich habe Festool-Maschinen im Keller und zwei Motorsägen in der Garage. Kann »Mann« da von Mangel reden? Nein! Ganz im Ernst: Uns geht es sehr gut. Wir sehen das als ein Geschenk Gottes und nehmen dies dankbar an.

Das Risiko hat sich gelohnt. Und das Beste: Wir haben alles, was wir brauchen.

Aber: Nicht immer, wenn ich im Vertrauen auf Gott alles auf eine Karte setze, heißt das automatisch, dass Gott diese Karte auch haushoch gewinnen lässt. Dafür gibt es keine Garantie. Sonst wäre es kein Risiko mehr. Wie viele Missionare haben auch alles riskiert und im Vertrauen auf Gott alles zurückgelassen? Und wie viele haben letztendlich mit dem Leben dafür bezahlt! Aber nur weil es diese Missionare gab, kam überhaupt die gute Botschaft vom lebendigen Gott zu uns. So wie manche Risikosportler hatten die Missionare nicht die Gefahr an sich gesucht, sondern sie versuchten, diese zu meistern, um ein höheres Ziel zu erreichen. In ihrem Fall war das höhere Ziel nicht das Überleben an sich, sondern die gute Botschaft von Gott anderen Menschen zu bringen.

Was ist dein höheres Ziel?

Welche riskante Schritte stehen bei dir an, um diesem höheren Ziel näher zu kommen?

Hast du Gott schon in allen Bereichen des Lebens das Steuer überlassen?

Oder hast du bestimmte hydraulische Kreisläufe für den Maschinenfahrer gesperrt?

BAGGER UND IHRE STÄRKEN

Jetzt sind wir doch ein bisschen vom Thema abgedriftet. Wo waren wir stehen geblieben? Ach ja, richtig, bei den männlichen Wesenszügen. Bei dem Bagger, der gar nicht zu wissen braucht, welche Eigenschaften ihn denn zum Bagger machen und welche Wesenszüge ihn vom Radlader unterscheiden. Er braucht es deshalb nicht zu wissen, weil er sich vom Maschinenführer so einsetzen lässt, dass genau seine baggerspezifischen Wesenszüge zur Geltung kommen. Als Fazit steht im Raum, dass auch wir Männer – wie ein Bagger – nicht unbedingt wissen müssen, welche typischen männlichen Wesenszüge uns Gott zugedacht hat. Sondern dass unsere geschlechtsspezifischen Wesenszüge zum Tragen kommen, wenn wir Gott die Steuerung unseres Lebens in die Hand geben.

Nicht alle Bagger sind gleich! Jeder Bagger-Typ hat seine eigene Charakteristik und seinen eigenen Anwendungsbereich. Es gibt zum Beispiel Raupenbagger und Radbagger. Der Raupenbagger ist im Gegensatz zum Radbagger wesentlich geländegängiger. Dafür kann ein Radbagger sich auf der Straße fortbewegen, ohne gleich die ganze Straße zu zerstören, wie es große Raupenbagger mit ihren gewaltigen Stahlketten gerne tun.

Da fällt mir ein, dass es auch noch einen Unterschied gibt: Es gibt Gummiketten und es gibt Stahlketten. So ist die Welt der Bagger eine große bunte Welt mit vielen Variationen und Größen. Es gibt universell einsetzbare Bagger und es gibt Spezialmaschinen, die ausschließlich für eine spezielle Aufgabe konstruiert wurden. Und wie unter den Menschen gibt es auch bei Baggern richtige Exoten. Ein Beispiel ist der Schreitbagger. Mithilfe von unabhängig voneinander steuerbaren Schreitbeinen ist es dem Maschinenführer möglich, auch in schwierigem Gelände sicher zu stehen und Arbeiten zu verrichten. Schreitbagger sind regelrechte Kletterkünstler.

So bunt wie die Welt der Bagger ist, so bunt ist auch die Welt der Männer. Jeder Typ Mann hat seine eigene Charakteristik und seinen eigenen Anwendungsbereich. Und für ihren Anwendungsbereich sind sie dann auch bestens ausgestattet. Es gibt die sportlichen Typen, es gibt die Denker und Philosophen, die Handwerker und Praktiker, die Biertrinker und Weintrinker, die Whiskeytrinker oder diejenigen, die keinen Alkohol trinken. Es gibt musikalische und literarische Männer und Kulturbanausen, es gibt Bewegungslegastheniker und Tänzer. Alles sind männliche Typen mit männlichen Wesensmerkmalen.

Jeder Typ Mann hat seine eigene Charakteristik – bin ich mit meinem »Typ Mann« zufrieden?

Das Problem an der Sache: Meistens bin ich mit dem Typ Mann, der ich selbst bin, nicht zufrieden. Immer schaue ich rüber zu den anderen Typen. Ich schaue rüber zu den großen Raupenbaggern, die so viel Kraft und Energie haben, dass sie Häuser versetzen können. Und ich frage mich dann, warum ich so ein kleiner Minibagger bin, auf dem der Maschinenführer aussieht wie ich auf dem Bobby-Car meiner Kinder. Ich wäre auch gerne ein großer Raupenbagger, ein großer kraftvoller Prediger, der vor Tausenden Menschen predigt, oder einer der erfolgreichen Unternehmer, die etwas bewegen. Stattdessen fühle ich mich wie ein Minibagger, wie ein kleiner Hauptamtlicher, der irgendwie versucht, Männerarbeit zu machen. Das mag von außen vielleicht anders aussehen, doch dieser Schein trügt.

AUF DEN MASCHINENFÜHRER KOMMT ES AN

Wenn ich ehrlich bin, schaue ich manchmal rüber zu den Radladern und beobachte neidisch, wie viel Erde sie bewegen und wie schnell und effektiv sie Distanzen überwinden können. Mir ist schon klar, dass das nicht clever ist und dass mich all diese Eigenschaften, die ich oft gerne hätte, mich auf meiner eigenen Baustelle nicht voranbringen.

Mir ist auch klar, dass es niemanden weiterbringt, wenn ich mich ständig mit anderen vergleiche. Und dass ich als Minibagger meine eigenen Vorteile habe, dass ich Details rausarbeiten kann, die so ein großer Raupenbagger unmöglich schafft (oder hast du schon mal versucht, mit einem gewaltigen Raupenbagger eine kleine Wurzel aus dem Vorgarten auszubuddeln?). Ich weiß, dass ich genau für diesen Zweck konstruiert wurde und dass meine Aufgabe wichtig ist.

Wenn der Fuß sagen würde: »Ich bin kein Teil des Körpers, weil ich keine Hand bin«, sollte er deshalb nicht zum Körper gehören? Und wenn das Ohr erklären würde: »Ich bin kein Teil des Körpers, weil ich nur ein Ohr und kein Auge bin«, sollte es deswegen etwa nicht mehr zum Körper gehören? Stellt euch vor, euer ganzer Körper wäre nur Auge – wie könntet ihr da hören? Oder wenn euer ganzer Körper nur Ohr wäre, wie könntet ihr da etwas riechen? Gott hat unseren Körper mit vielen Gliedern und Organen geschaffen und jedem Körperteil seinen Platz gegeben, wie er es wollte.
1. Korinther 12,15-18

Aber all das hilft mir nicht dabei, meinen Blick von den anderen abzuwenden. Das alles hilft mir nicht, wenn alle anderen immer nur bei den großen Baggern stehen bleiben und sie bewundern. Ich hätte es auch gerne, dass jemand bei mir stehen bleibt. Da kann ich noch so viele Charakteristiken und Vorteile aufzählen, die so ein Minibagger hat. Da kann ich noch so viel betonen, wie wichtig und nützlich so ein kleiner Bagger sein kann. Trotzdem bin ich halt nur ein preisgünstiger, schwacher Minibagger. Und das ärgert mich.

Ich will aber nicht, dass es mich ärgert. Ich will doch Erde bewegen und mich nicht von anderen Baggern ablenken lassen. Ich will auch eine Perspektive für meine Baustelle haben. Ah, vielleicht ist ja das mein Problem? Die Perspektive! Vielleicht ist mein Problem, dass ich die Baustelle immer von meiner Perspektive aus betrachte. Ich schaue von meinem Blickwinkel aus auf meine Größe und meine Kraft. Ich schaue immer nur auf die Maschine, den kleinen Minibagger.

Nie aber schaue ich auf den Maschinenführer, nie auf Jesus. Würde ich nämlich auf den Maschinenführer schauen, würde ich feststellen, dass der Maschinenführer bei einem Minibagger viel besser wahrzunehmen ist und viel größer rauskommt als bei einem mega Raupenbagger. Dort wirkt der Maschinenführer klein und unscheinbar, als wäre er mehr von der Maschine gesteuert als umgekehrt. Man muss den Maschinenführer regelrecht suchen, um ihn zu erkennen.

Ich schaue zu sehr auf meinen kleinen Minibagger und zu wenig auf den Maschinenführer, Gott.

***

Da stellen sich mir einige Fragen: Ist es nicht besser, wenn die Menschen Gott in meinem Leben sehen und wahrnehmen? Ist es nicht besser zu wissen, dass es in erster Linie nicht auf die Stärke des Baggers ankommt, sondern darauf, dass ein gelernter Maschinenführer den Bagger steuert? Was bringt mir der stärkste Bagger, wenn er ohne Maschinenführer ist? Dann doch lieber ein kleiner schwacher Minibagger, dessen Stärke der Maschinenführer ist.

Ist es das, was Paulus meint, wenn er davon spricht, dass die Kraft Gottes gerade in der Schwachheit zur vollen Auswirkung kommt. Wenn man diese Stellen so liest, könnte man meinen, Paulus kann nicht oft genug betonen, dass er stolz darauf ist, schwach zu sein, dass er stolz darauf ist, ein Minibagger zu sein. Heißt das dann etwa, dass Gott durch den kleinen schwachen Hauptamtlichen viel mehr zu Geltung kommen kann, als wenn er ein großer Theologe und bekannter Prediger wäre? Klingt irgendwie unwirklich und verdreht, aber gleichzeitig auch spannend.

Ich will diesen Gedanken weiter nachklingen lassen.
Was denkst du? Jedes Mal sagte er:
»Meine Gnade ist alles, was du brauchst.
Meine Kraft zeigt sich in deiner Schwäche.«
2. Korinther 12,9

MÄNNLICHKEIT IN DER BIBEL

TIEFER GRABEN

Achtung! Auch wenn die Bibel absolut wahr und unfehlbar ist, müssen wir aufpassen, dass wir nicht versuchen, Wahrheiten aus ihr herauszuholen, die die Bibel gar nicht sagen will. Nämlich nicht alles, was in der Bibel steht, ist biblisch. Ich meine damit, dass nicht alles, was in der Bibel steht, automatisch ein biblisches Prinzip sein muss.

Zum Beispiel *Kain*: Dass er seinen Bruder Abel erschlagen hat, steht zwar in der Bibel. Seinen Bruder zu erschlagen ist aber dadurch noch lange kein biblisches Prinzip. Okay, das Beispiel hier ist einfach und einleuchtend, denn die Reaktion Gottes zeigt uns auch klar und deutlich, dass das Handeln von Kain nicht seinem Willen entsprach.

Trotzdem enthält die Bibel Texte, die einfach nur Erzählungen sind. Sie haben nicht den Anspruch, ein Glaubenssatz zu sein. Zum Beispiel dass *Jonathan* in 1. Samuel 18,4 seinem Freund David sein Schwert schenkt, ist die Erzählung einer wahren Geschichte zwischen zwei Freunden. Sie ist aber nicht unbedingt ein biblisches Prinzip für Männerfreundschaft. Sonst müssten wir Männer als Zeichen unserer Freundschaft uns gegenseitig ein Taschenmesser schenken oder so.

Meine Beobachtung ist, dass gerade das gerne gemacht wird. Man nimmt einen Bibeltext und sucht darin Antworten, die die Bibel vielleicht gar nicht geben will. Gerne hört man dann Leute sagen: »Sagenhaft, was der alles aus einem Text rausholen kann!« Ich denke dann immer: »Hoffentlich findet er nicht mehr, als Gott und die Bibel an dieser Stelle sagen wollen.«

Zum Thema Männlichkeit sind die Erzählungen von den Erzvätern sehr beliebt. Die ***Erzväter*** gelten als Vorbilder für biblische Männlichkeit. Klar ist das männlich, wenn ***Abraham*** mit seiner Magd Kinder zeugt. Klar ist das männlich, wenn ***Jakob*** auch zwei Frauen hatte und ***Juda*** auf dem Weg zum Schafescären noch bei einer Prostituierten vorbeischaut. Dass hier keine Männlichkeit beschrieben wird, die Gott auch gefällt, ist uns allen klar.

Da müssen wir wohl differenzieren. Nur differenzieren wir gerne aus dem Blick unserer Brille und unseren Vorstellungen heraus. Einfacher ist es, wenn aus den Erzählungen zu entnehmen ist, dass Gott das Vorgehen der biblischen Person befürwortet. Schauen wir uns Jonathans Heldentat an: Jonathan zieht im Vertrauen auf Gott gegen die Überzahl der Philister los und siegt. (»Es ist dem Herrn nicht schwer, durch viel oder wenig zu helfen«, 1. Samuel 14,6b.) Darin sehen wir, wie Gott ganz konkret das Handeln und Vertrauen von Jonathan gesegnet hat. Das Verhalten von Jonathan kann also als »biblisch« bezeichnet werden und man kann einen normativen Charakter darin sehen.

Können der Mut und das Vertrauen Jonathans als typisch männliche Charaktereigenschaften bezeichnet werden, nur weil Jonathan ein Mann war? Hat nicht auch eine ***Hanna*** Vertrauen bewiesen (1. Samuel 1) und war ***Ester*** etwa nicht mutig, als sie Haman vor dem König anklagte (Ester 7)? Es fällt mir schwer, dass manche männliche Persönlichkeiten der Bibel und deren Charakter explizit als Modell für Männlichkeit stehen sollen, aber andere nicht. Als Glaubensvorbilder und Modell für unser Leben können wir Männer in der Bibel natürlich sehen. Nicht aber als Modell für biblische Männlichkeit.

Am meisten über Männlichkeit finden wir ***in den Psalmen und Sprüchen***. Dort gibt es eine Vielfalt an Ratschlägen und Tipps für den Mann. Der Grundton der Psalmen ist dabei, dass der gottesfürchtige, rechtschaffene Mann glücklich ist (zum Beispiel Psalm 34,9 und 112,1 – besonders gut in der Elberfelder Übersetzung zu sehen). Allerdings muss man dann schon im Urtext oder entsprechenden Übersetzungen schauen, um das Wort »Mann« überhaupt entdecken zu können. Ist der Mann da explizit gemeint oder gilt das allen Menschen? In den Sprüchen ist jemand ein kluger und weißer Mann, wenn er sich nicht von Zorn und impulsiven Emotionen leiten lässt, sondern friedliche

Lösungen für Konflikte anstrebt. Klugheit und Verhandlungsgeschick werden höher bewertet als Kraft und Kampf (zum Beispiel Sprüche 16,28; 20,3; 24,5).

Hier zeigt sich vermutlich am deutlichsten, wie sich die Bibel Männlichkeit und männliches Verhalten vorstellt. Die Bibel ermutigt hier das männliche Geschlecht, vielleicht gerade gegen dessen Natur, zur Sanftmut und Nachsichtigkeit und dem Streben nach Gottes Nähe. Da vor allem die Sprüche aus einzelnen Versen bestehen, die nicht im Zusammenhang miteinander stehen, ist es nicht unbedingt griffig und von daher schwierig, ein biblisches Bild für Männlichkeit herauszulesen.

Und Jesus? Was ist mit **Jesus**? In den wenigen Stellen, bei denen Jesus ganz direkt die Männer im Visier hat, äußert er sich über die Ehe. Er setzt die Grenze des Ehebruchs auf ein neues, höheres Niveau, indem er den begehrlichen Anblick einer fremden Frau schon als Ehebruch definiert (Matthäus 5,28). Auch äußert er sich gegen die im Alten Testament beschriebene Vorgehensweise der Ehescheidung durch Aushändigung des Scheidebriefs (5. Mose 24,1-4). Und er verweist auf die Aussagen der Schöpfungsordnung, die eine Scheidung nicht vorsieht (1. Mose. 2,24). Dadurch definiert er zwar nicht, was Männlichkeit bedeutet, aber er gibt der Männlichkeit einen gewissen Rahmen.

Zumindest von biblischer Sichtweise ist klar, dass sich ein Mann, der in Gottes Wegen läuft, nicht außerhalb der Ehe ausprobieren sollte. Ansonsten finden wir aber keine direkten Aussagen von Jesus, die eine von Gott gedachte Männlichkeit beschreiben.

Dann haben wir natürlich noch ***Paulus***. Im Epheserbrief spricht er von der Rolle des Mannes als das Haupt der Frau.

Ihr Ehefrauen sollt euch euren Männern unterordnen, so wie ihr euch dem Herrn unterordnet. Denn der Mann ist das Haupt seiner Frau, wie Christus das Haupt seines Leibes – der Gemeinde – ist, für die er sein Leben gab, um sie zu retten. So wie die Gemeinde sich Christus unterordnet, sollt ihr Ehefrauen euch auch euren Männern in allem unterordnen.

Epheser 5,22-24

Ich weiß, dass es viele Diskussionen, Streit und Missbrauch über die Äußerungen von Paulus über das Haupt und die Stellung der Frau gibt. Ich weiß auch, dass viele den Bibeltext nicht weit genug lesen, um dann zu erfahren, welche Maßstäbe für die Liebe zur Frau da an den Mann angelegt werden. Das will ich aber hier nicht diskutieren. Ganz unabhängig von all diesen Diskussionen glaube ich, dass Paulus den Männern durch die Rolle des Hauptes eine gewisse Verantwortung für Frau und Familie überträgt. Die Verantwortung unterscheidet die Aufgaben, die dem Mann zugeteilt werden. Wie und in welcher Form dieses Alleinstellungsmerkmal zu füllen ist und was hinter seiner besonderen Verantwortung konkret steht, können wir den Briefen des Paulus meiner Meinung nach nicht endgültig entnehmen. Paulus schreibt nicht, was er ganz konkret mit »Haupt« meint. Da müssen wir selbst nachforschen. Wenn du mehr lesen willst, geh zum Kapitel 6.

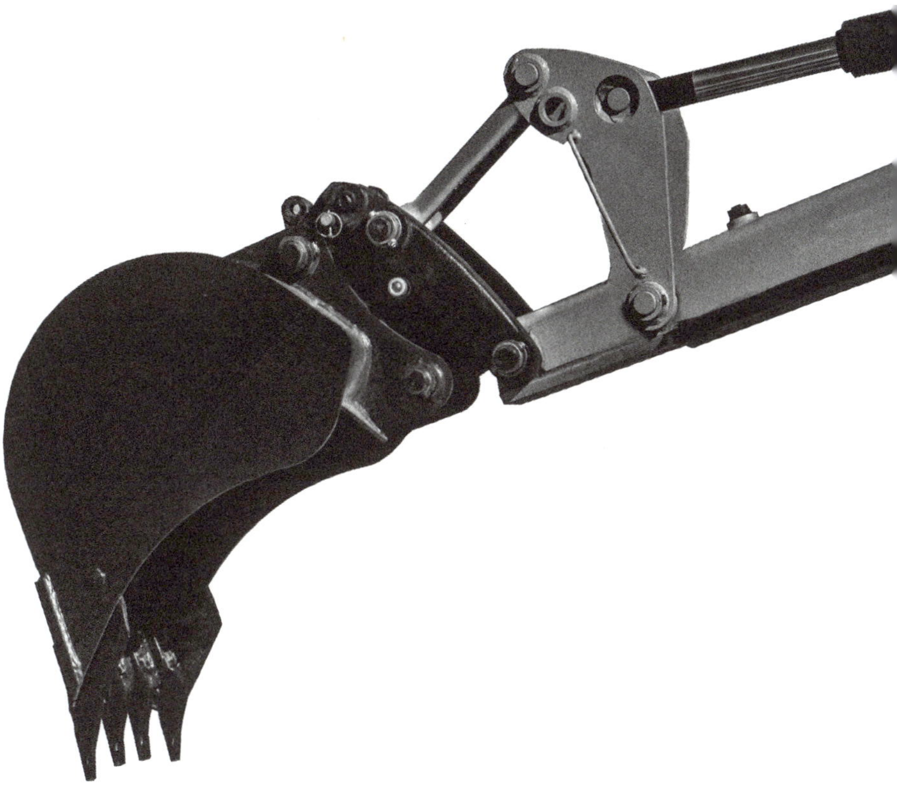

MEIN PLATZ IM GETRIEBE

GEMEINDE – FINDE DEINE POSITION ALS ZAHNRAD IM GROSSEN GANZEN

5

GETRIEBESCHADEN

Vor ein paar Jahren hatten wir einen schönen Skoda Oktavia mit Allradantrieb. Mit diesem Auto bei Eis und Schnee unterwegs zu sein, war richtig klasse. Das hat einfach Spaß gemacht. Man musste nicht immer überlegen: »Komm ich aus dem Matsch wieder raus oder nicht?« Nein, man ist einfach reingefahren. Ging auch meistens gut. Leider musste ich mich früher von diesem Wagen trennen, als mir lieb war. Getriebeschaden! Im Leerlauf machte das Getriebe Geräusche, als ob jemand einen Schraubenschlüssel darin vergessen hätte. Zwar lief es noch recht gut und wir sind nicht stehen geblieben. Aber die Geräusche haben mir dann doch Kopfzerbrechen bereitet.

Also habe ich das Getriebeöl abgelassen, um zu sehen, was da noch so rauskommt. Und meine Befürchtungen bewahrheiteten sich: Im Öl schwammen eine ganze Menge kleiner Metallspäne. Kein gutes Zeichen. Das riecht verdächtig nach einem ungesunden Zahnrad, das gerade im Getriebe zerfleischt wird. Ich habe dann geschaut, dass der Wagen möglichst schnell wegkommt, bevor meine Frau damit noch liegen bleibt. Männer, eins könnt ihr mir glauben: Wenn die Frau mit dem Auto liegen bleibt, gibt es selten Pluspunkte – dann knirscht es nicht nur im Getriebe …

Zurück zum Getriebe. Es ist ein zentrales Element bei fast allen Antriebssystemen. Getriebe haben die Aufgabe, die Kraft des Antriebes so zu übersetzen, dass sie beim Abtrieb ankommt und beherrschbar ist. Beim Auto zum Beispiel muss die Kraft irgendwie ja auf die Straße kommen. Ist die Übersetzung ins Schnelle zu groß, kann es sein, dass es der Motor nicht schafft und abgewürgt wird. Ist die Übersetzung ins Langsame zu groß, dann strampelt der Motor ins Leere und das Fahrzeug kommt viel zu langsam voran.

***

Eine Gemeinde hat gewisse Ähnlichkeiten mit einem Getriebe. Sie hilft dabei, die Kraft, die Gott uns als Motor zur Verfügung stellt, zu übersetzen und zu transformieren, dass wir sie auf die Straße bekommen. Sie hilft uns, dass wir das in unserem Leben umsetzen können, was Gott für uns zur Verfügung stellt. In der Gemeinde lerne ich, was die Bibel sagt und was das für mein Leben bedeutet. In der Gemeinde habe ich Gemeinschaft mit anderen Menschen, die ihr Leben zu Gottes Ruhm und Ehre leben wollen. Und von der Gemeinde aus wird die Frohe Botschaft von Gott in die Welt getragen.

Die Gemeinde hilft dabei, die Kraft, die Gott zur Verfügung stellt, auf die Straße zu bekommen.

Die Gemeinde ist ein wichtiges Werkzeug, um die Kraft Gottes sichtbar werden zu lassen. Nicht, dass Gottes Kraft auf ein Getriebe angewiesen ist oder von ihm abhängig wäre. Nein, aber er möchte die Gemeinde als Getriebe, als Übersetzung dafür nutzen. Wenn ich übrigens von Gemeinde rede, dann meine ich natürlich die Ortsgemeinde, aber auch die weltweite Kirche, die alle unterschiedlichen Kirchen und Organisationen umfasst.

SICH EINBAUEN LASSEN?

Unter den wichtigsten Bauteilen in einem Getriebe sind die Zahnräder. Jedes Zahnrad hat seinen bestimmten Platz im Getriebe. Was die Zahnräder für ein Getriebe sind, sind die Gemeindemitglieder für die Gemeinde. Jeder hat seinen Platz im Getriebe. Jedes ist unterschiedlich und wichtig und wird benötigt, dass am Ende auch die Kraft auf die Straße kommt. Paulus benutzt dafür in seinem Brief an die Korinther (1. Korinther 12) das Bild von dem Leib und den verschiedenen Gliedern.

Doch nicht wenige Männer stellen sich die Frage: »Gemeinde? Welches Zahnrad bin ich in diesem Getriebe und wo ist da mein Platz?« Oder sie sagen sich: »Ich lass mich nicht in ein Getriebe wie Gemeinde und Kirche einbauen. Das zwängt mich nur ein und zerreibt mich. Ich bleib lieber ein freies Zahnrad, das nicht von dieser Mühle zerrieben wird. In diese Mühle will ich gar nicht rein, die ist viel zu unflexibel und eingefahren. Ich will nicht so enden wie das Zahnrad in dem Oktavia.« Und ich muss sagen: Ich kann das alles nachvollziehen.

Mein Corona-Effekt: Ich habe die sonntäglichen Vormittage ohne »Kirchenstress« richtig genossen.

Mir geht es ehrlich gesagt oft genauso. Auch ich tue mich immer wieder schwer damit, mich in das Gebilde »Gemeinde« einbauen zu lassen. Und in letzter Zeit habe ich selbst immer wieder das Gefühl, dass ich Gemeinde eigentlich nicht wirklich brauche. Mit einem Schrecken wurde mir das während der Corona-Zeit richtig bewusst. (Für alle, die das Buch im Jahr

2030 lesen: Corona hat uns 2020 und 2021 durch eine weltweite Pandemie ganz schön durcheinandergebracht.) Als wir wochenlang keinen Gottesdienst besuchen konnten, hatte ich eigentlich nicht das Gefühl, dass mir irgendetwas fehlen würde. Ganz im Gegenteil, ich habe die sonntäglichen Vormittage ohne den »Kirchenstress« richtig genossen.

Warum ist das so? Warum wirken Kirche und Gemeinde für viele Männer so abstoßend?

***

Es ist fast sprichwörtlich geworden, dass Kirche etwas für Frauen und alte Leute ist. Und natürlich für Menschen, die mit ihrem Leben nicht zurechtkommen. Und wenn ich mir so manche christliche Runden und Kreise vor Augen führe, dann scheint dieser Gedanke nicht abwegig. So mancher Stuhlkreis kann sehr wohl den Eindruck einer Selbsthilfegruppe erwecken. Man sitzt im Kreis und tauscht sich darüber aus, wie es einem so geht. Für meine Männervorstellung ist dieses Bild sehr abschreckend. Ich glaube, für viele andere auch.

Ein Blick in unsere Gemeinden und Kirchen zeigt vielerorts, dass Männer beim Gedanken an den Gottesdienstbesuch eine ähnliche Vorfreude empfinden wie bei dem Gedanken an den Zahnarztbesuch. Das Ergebnis ist: Männer fehlen einfach. Und wenn sie da sind, dann sind sie oft viel zu passiv und träge.

Noch auffälliger ist der Männermangel, wenn man die Mitarbeiter einer Gemeinde anschaut. Generell ist der Frauenanteil viel größer. Und wenn, dann tummeln sich Männer im Technikdienst oder bei praktischen Hausmeisteraufgaben im und rund um das Gemeindehaus. Aber woran liegt das? Ist der christliche Glaube einfach an sich etwas Feminines? Haben Frauen einen besseren Zugang zu Gott? Nein, das kann ich mir nicht vorstellen. Ich bin überzeugt, dass Gott Mann und Frau so geschaffen hat, dass beide ein gleichwertiges, lebendiges Christsein leben können, unabhängig vom Geschlecht.

Aber warum fehlen dann die Männer in unseren Kirchen so oft – entweder physisch oder durch innere Passivität?

»OFT FÜHLEN SICH MÄNNER

IN UNSEREN GEMEINDEN

WIE EIN SCHWEINESTEAK

AUF EINER MUSLIMISCHEN HOCHZEIT.«

DAVID MURROW

UNSERE GEMEINDEN SIND ZU FEMININ

Ich will einmal eine steile These in den Raum stellen: Ich glaube, dass die Männer in unseren Gemeinden fehlen, weil unsere Gemeinden viel zu feminin sind.

Du wunderst dich vielleicht, warum ich an dieser Stelle so fröhlich über feminin und maskulin schreiben kann, wo ich doch im vorangegangenen Kapitel behaupte, dass die Bibel keine genaue Definition vorgibt, was Gott unter den beiden Wesenszügen versteht. Da hast du völlig recht! Das heißt aber nicht, dass es keine unterschiedlichen Wesenszüge gibt. Und selbst wenn Mann und Frau genau gleich wären, sind sie doch auf Unterschiede hin geprägt worden.

Wenn du mehr über Rollenbilder von Mann und Frau wissen willst, dann springe am besten direkt zu *Tiefer graben* am Ende dieses Kapitels.

Die These, dass unsere Gemeinden zu feminin sind, ist nicht neu. Im Gegenteil, sie steht schon länger im Raum und nicht wenige Bücher sind bereits darüber geschrieben worden. Eine treffende Beschreibung finden wir in dem Buch *Warum Männer nicht zum Gottesdienst gehen* von David Murrow[2]. Murrow sagt zum Beispiel, dass Männer sich in unseren Gemeinden fühlen wie ein Schweinesteak auf einer muslimischen Hochzeit. Er meint damit, dass unsere Kirchen und Gemeinden so gestaltet sind, dass Männer sich einfach unwohl und fremd fühlen, ganz so, als würden sie nicht dort hingehören. Interessant!

Angeregt von Murrow mache ich zweimal im Jahr bei unseren Männerfreizeiten einen kleinen Versuch. Ich lasse die Männer Begriffe sortieren. Die Männer müssen von mir vorgegebene Begriffe auf zwei Spalten aufteilen. In die eine Spalte sollen sie alle Begriffe einsortieren, die für sie typische christliche Werte beschreiben.[3] In die anderen Spalte sollen sie Begriffe einsortieren, die eher weltliche (unchristliche) Werte beschreiben. Diese Begriffe stammen ursprünglich aus einer Tabelle, bei der die Autoren den Unterschied zwischen weiblichen und männlichen Werten aufzeigen wollen. Und jetzt rate mal, was das Ergebnis ist? Genau! In über 80 Prozent der Fälle sortieren die Männer die weiblichen Werte zu den eher christlichen Werten und die männlichen Werte zu den eher weltlichen Werten. Das sieht dann ungefähr so aus:

MÄNNLICHE/WELTLICHE WERTE:	WEIBLICHE/CHRISTLICHE WERTE:
• Kompetenz	• Liebe
• Macht	• Beziehungen
• Effizienz	• Hilfe
• Ergebnisse	• Gefühle
• Wettbewerb	• sich mitteilen
• Erfolg	• Harmonie
	• Gemeinschaft

Hier geht es um den Versuch, eine Kultur zu beschreiben, die durch typisch männlich oder weiblich verstandene Eigenschaften geprägt ist. Aus den Zuordnungen mit den Männern bei unseren Freizeiten wird daher sehr deutlich, dass die meisten Männer in ihren Gemeinden und Kirchen eine stark weiblich geprägte Kultur wahrnehmen. Auch, dass der Fokus vielerorts mehr auf weibliche Werte gelegt wird und die als männlich empfundenen Werte sogar von Männern selbst als »unchristlich« eingestuft werden.

Man kann zum Beispiel beim Spielen in der Kindergruppe beobachten, dass es meistens als wichtiger empfunden wird, dass alle Spaß an einem Spiel haben, als dass ein einzelnes Kind gewinnt. Wenn das so gewichtet wird, wird der weibliche Wert »Harmonie« dem männlichen Wert »Wettbewerb« vorgezogen. Ich kann mir vorstellen, dass so mancher Junge in so einer Situation ein ganz schön enttäuschtes Gesicht machen würde. Wenn unsere Gemeinden weiblich empfundene Werte als Maßstab für christliche Frömmigkeit stark priorisieren, prägen und einfordern, dann brauchen wir uns nicht wundern, dass eine Kultur entsteht, in der Männer sich wie ein falsches Zahnrad im Getriebe fühlen.

ZAHNRÄDER AUS KUNSTSTOFF ODER STAHL

Wenn diese Beobachtung stimmt, dann heißt das doch, dass unser Getriebe »Gemeinde« aus zu vielen »femininen« Bauteilen besteht und dass man Bauteile, die eher feminine Werte haben, bevorzugt einsetzt. Das kann bedeuten, dass sich Menschen, die eher eine weiblich empfundene Kultur aufbauen können, in Kirchen und Gemeinden leichter in das Getriebe einfügen lassen. Das müssen nicht unbedingt nur Frauen sein. Nein, das können ebenso auch Männer sein. Man denke zum Beispiel an die männlichen Pastoren – es geht, wie gesagt, eher um ein bevorzugtes Charakterbild als um eine einseitige Geschlechterabgrenzung.

In unserem Bild mit dem Getriebe lassen sich diese Werte gut mit Zahnrädern aus Kunststoff oder Kunststoffbeschichtung vergleichen. Denn Kunststoff ist im Gegensatz zu Stahl eher weich und passt sich besser an. Er ist auch leichter zu bearbeiten und macht nicht so viel Dreck wie Stahl.

Das zeichnet auch eine feminine Ausrichtung in der Gemeindekultur aus: Sie ist eher »weich«, bringt viel Harmonie und Gefühl ein. Man achtet aufeinander und passt sich gern aneinander an. Wenn alles, was kantig und hart ist, weniger herzlich willkommen geheißen und gefördert wird, lässt sich eine Gemeinde nach außen hin leichter formen – es gibt weniger offene Konflikte, als wenn viele da sind, die anecken und einer Konfrontation nicht aus dem Weg gehen. Das heißt, in unseren Gemeinden herrscht aktuell mehr Konfliktscheue, der vorrangige Wunsch nach Harmonie, nicht nach offenem Disput oder zu klaren Worten. Der Trend geht zum »Kunststoffzahnrad«. Das heißt aber auch: Oft fehlt es an klarer Kante!

Natürlich sind die meisten Frauen dafür prädestiniert, genau so eine Gemeindekultur aufzubauen. Klar, sie sind als Frauen von Gott auch so gemacht. Das Problem ist auch überhaupt nicht, dass es diese weibliche Kultur in unseren Gemeinden gibt, sondern dass die gelebten männlichen Werte fehlen! Es fehlt die Kraft von »Metallzahnrädern« im Hauptantriebsstrang der Gemeinde, um leitende und zentrale Aufgaben zu übernehmen.

Genau das erleben wir in unseren Kirchen und Gemeinden. Es gibt immer mehr weibliche Präsenz in allen Bereichen der Gemeinde und immer weniger männliche. Nicht, dass sich die Frauen da hineingedrängt hätten. Nein, es ist eher so, dass sich die Männer zurückgezogen haben und die Lücken von Frauen gefüllt wurden. Warum gab es diesen Männerrückzug? Zum einen sind wir auch in unseren Gemeinden von kulturellen Entwicklungen geprägt (mehr dazu in *Tiefer graben*). Zum anderen, weil Männer aufgehört haben, ihre Verantwortung zu sehen und ihr nachzukommen, damit sich eine ausgewogene Gemeindekultur etablieren kann.

Wird das Drehmoment zu groß, brechen die Zähne der Kunststoffzahnräder früher oder später.

Ich kann mich noch gut erinnern, als ich vor ein paar Jahren in den Schaukasten einer Kirchengemeinde im Hundsrück geschaut habe. Ich habe nur Frauennamen gefunden. Es gab eine Pfarrerin und dann ausschließlich Frauen im Kirchengemeinderat. Mich hätte interessiert, wie viele Männer man im Gottesdienst antrifft. Man findet heute solche Kirchen, »Getriebe«, die fast ausschließlich aus »Kunststoffzahnrädern« aufgebaut sind. Warum ist das ein Problem? Weil sie nicht so langlebig und stabil sind.

In der Technik ist es so, dass reine Kunststoffgetriebe nicht schlecht laufen und immer beliebter werden. Allerdings können sie nicht dieselben Kräfte aufnehmen wie ein Getriebe, das aus Stahlzahnrädern besteht. Werden das Drehmoment und die zu übertragenen Kräfte zu groß, brechen die Zähne der Kunststoffzahnräder leichter. Und so empfinde ich es auch für unsere Gemeindekultur, in der die Männer und männliche Werte fehlen. Sie funktioniert schon, es läuft nach außen hin vieles sanft und rund. Doch können wir wirklich das gleiche Drehmoment übertragen?

Wie finden wir den Weg zu einem stabilen Getriebe? Eines, das aus festem Material, richtig platzierten Zahnrädern, auf Langlebigkeit ausgerichtet und aufgebaut ist? Eines, in dem wir Männer nicht mehr fehlen, sondern wieder unseren Platz eingenommen haben? Bereit sind, Verantwortung zu tragen und so als Getriebe die Kraft Gottes gemeinsam mit den Frauen auf die Straße zu bringen?

Wir Männer haben im Getriebe eine zentrale Aufgabe – eine Aufgabe, die wir derzeit leider zu wenig wahrnehmen.

Wie komme ich darauf?

Vor einigen Jahren verbrachten wir als Familie sechs Monate in Toronto. Wir hatten in dieser Millionenstadt die Gelegenheit, viele unterschiedliche Gemeinden zu besuchen. Da ich bereits in der Männerarbeit tätig war, hatte ich mir zur Angewohnheit gemacht, den Männeranteil bei den Gottesdienstbesuchern grob zu überschlagen. Dabei fiel mir auf, dass in den Gemeinden, bei denen große geistliche Kraft und Dynamik zu spüren war, der Männeranteil von Mitarbeitern und Besuchern ausgewogen war. Bei Gemeinden, bei denen man den Eindruck hatte, dass sie kraftlos sind, war der Männeranteil eher klein.

Männer können die Gemeinde mit geistlicher Kraft und Dynamik bereichern.

Auch wenn das keine wissenschaftliche Untersuchung war und nur einen sehr kleinen Ausschnitt beschreibt: Diese Beobachtung hat meine Überzeugung gestärkt, dass gesunde Gemeinden uns Männer brauchen, um die notwenige Kraft und das notwenige Drehmoment auf die Straße zu bringen. Das heißt doch im gleichen Zuge, dass wir Männer eine geistliche Verantwortung für unsere Gemeinden und Kirchen haben, ob wir sie wahrnehmen oder nicht. Wenn wir sie nicht einbringen, dann fehlt ein entscheidender Faktor im Getriebe! Die Präsenz von uns Männern in unseren Gemeinden ist wichtig, damit das Getriebe »Gemeinde« seinen Zweck erfüllen kann. Männer haben die Verantwortung, in unseren Gemeinden wieder mehr Präsenz zu zeigen.

Das heißt: Ich muss mein angeschlagenes Verhältnis zu Gemeinde überdenken. Ich muss ernsthaft überlegen, wo denn nun mein Platz im Getriebe ist. Ich kann die Gemeinde also nicht einfach den Frauen überlassen, auch wenn sie vieles besser und feinfühliger machen als ich.

Was soll ich jetzt tun?

Okay, so weit klar. Jetzt weiß ich, dass es nicht nur an mir liegt, dass es mich nicht in eine Kirche oder Gemeinde zieht. Ich weiß jetzt auch, dass es daran liegt, weil unsere Gemeindekultur zu stark und einseitig von femininen Werten geprägt ist, um mich wirklich zu erreichen. Aber ich weiß auch, dass es zentral ist, dass ich meine Verantwortung als Mann wahrnehme, damit die Kraft Gottes mit höherer Effizienz, Langlebigkeit und Robustheit auf die Straße kommt. Deshalb kann ich nicht einfach als freies Zahnrad in der geistlichen Welt herumschwirren. Aber was soll ich jetzt tun?

MATERIALCHECK

Es muss nicht zwingend sein, dass meine Gemeinde, mein Getriebe, komplett falsch aufgebaut ist. Es kann sein, dass vielleicht nur das eine oder andere Bauteil, das eine oder andere Element meiner Gemeinde eine zu einseitige, feminine Kunststoffbeschichtung bekommen hat, die durch ein paar wenige Handgriffe auch maskulin gestaltet werden kann. Vielleicht reicht es, wenn ich das Getriebe einer Werkstoffprüfung unterziehe und alle Bauteile auf feminine Elemente hin überprüfe – nämlich auf Elemente, die wegen ihrer Einseitigkeit Männer abschrecken könnten.

Ein Beispiel ist die musikalische Gestaltung in den Gottesdiensten. Ich muss mich fragen: Welche Lieder singe ich und vor allem, wie singe ich sie? Bringen die Texte und der Musikstil eher eine feminine Atmosphäre hervor oder nicht? Es ist nicht so, dass Männer an sich nicht singen wollen. Es ist auch nicht so, dass Männer keine Emotionen beim Singen zeigen könnten. Den Beweis sehen wir jedes Wochenende in den Fußballstadien. Da herrschen Emotion und Leidenschaft pur. Es ist aber durchaus so, dass Männlichkeit zu wenig Platz hat in den allermeisten Lobpreiszeiten.

Dass Männer Emotionen beim Singen zeigen können, sehen wir jedes Wochenende in den Fußballstadien.

Wie oft habe ich schon davon geträumt, dass Männer in der Gemeinde Gott genauso loben und preisen, wie sie es in den Stadien tun! Klar, Voraussetzung für einen solchen Emotionsausbruch ist natürlich Leidenschaft. In unserem Fall die Leidenschaft für Gott. So etwas kann ich nicht einfach machen, indem ich andere Liedtexte oder einen anderen Musikstil habe, das ist auch klar. Aber ich kann die Emotionen bei Männern durch die Art der Musik fördern oder eben nicht. Für mich macht es nämlich durchaus einen Unterschied, wie viel sanft-leichtes »Jesus, berühre mich, nimm mich an deiner Hand, entführe mich«[4] ich singe, oder ob es auch Platz hat, gemeinsam kraftvoll zu singen: »Für den König, für den Herrn, ... seine Ehre, unser Ziel, nichts bedeutet uns jemals so viel«[5]. Wenn das dann noch als eine Art Hymne gesungen wird, sehe ich mich innerlich schon aufstehen und mit aller Kraft und voller Emotionen mitsingen. Ein zweites Beispiel ist für mich die Dekoration: Müssen es immer Blumen und Seidentücher sein? Oder können es nicht auch mal Zimmermannswerkzeuge sein, die an den Beruf von Jesus erinnern?

Natürlich denke ich auch daran, wie Begegnungsräume gestaltet werden. Beim Kaffeetrinken nach dem Gottesdienst gibt es oft viel Raum für Gespräche, Gespräche und ... Gespräche. Eher eine weibliche Atmosphäre, in der sich Männer schon auch mal vorkommen wie in der Abteilung für Damenunterwäsche bei Karstadt. Vielleicht kann man das auch so gestalten, dass der Mann nicht die Zeit totschlagen muss, bis die Frau dann endlich fertig ist mit Quatschen, sondern sich irgendwie aufgehoben fühlt?

Jetzt fängt meine kreative Denkmaschine an, in Fahrt zu kommen: Wie kann man einen Bereich gestalten, in dem keine Small-Talk-Kompetenz gefordert ist? Wo nicht unterschwellig der Zwang besteht, reden und kommunizieren zu müssen? »Mann« ist nicht per se unkommunikativ und verabscheut Leute, im Gegenteil. Aber wie ich Austausch erlebe, ist einfach anders. Wenn es guten Kaffee in großen Tassen gibt, ist schon viel gewonnen. Und wenn »Mann« dann noch nebenbei den Fußballtalk bei Doppelpass, Nachrichten, Goldrausch bei DMAX oder sonst irgendetwas anschauen kann, reicht das. Ich bin überzeugt, dass der gewünschte Small-Talk ganz von allein kommt, sobald Männer eine Aufgabe und Beschäftigung haben.

Ich weiß, dass wenn ich nur an solchen Äußerlichkeiten rumschraube, die Männer dadurch nicht automatisch ihren Platz im Getriebe einnehmen und auch Verantwortung übernehmen. Aber diese kleinen Äußerlichkeiten können schon viel helfen, damit wir Männer uns mit dem Getriebe identifizieren können. Und wenn wir das können, sind wir auch eher bereit, mehr Verantwortung zu übernehmen.

FALSCH ZUSAMMENGESETZT

Meine Frau hat mir vor einiger Zeit einen wunderschönen Traktor von *Lego Technic* geschenkt. Ich war fasziniert, mit welcher Raffinesse das Getriebe dieses Traktors zusammengebaut war. Allerdings habe ich beim Zusammenbau einen kleinen Fehler gemacht. Ich habe ein falsches Zahnrad eingesetzt. Wenn man so etwas macht, kann es vorkommen, dass ein Getriebe einfach nicht funktioniert. Zum Beispiel, wenn zwei Zahnräder mit unterschiedlichem Drehsinn auf das gleiche Zahnrad eingreifen. Da wirken dann zwar enorme Kräfte auf die Zahnräder, aber davon kommt nichts auf der Straße an. Alles gerät ins Stocken. Das geht so lange, bis ein Zahnrad nachgibt und zerbricht. Ich musste also das gesamte Getriebe zerlegen und wieder neu aufbauen.

Das Gleiche kann meiner Meinung nach in unseren Gemeinden auch passieren. Es kann sein, dass der Materialcheck auf zu einseitig feminine Elemente nicht reicht, um die Gemeinde so zu gestalten, dass sich auch Männer dort gut aufgehoben fühlen, Kollegen mitbringen wollen und Verantwortung übernehmen. Es kann sein, dass Zahnräder an der falschen Stelle eingesetzt sind und so das Ganze zum Stocken kommt. Dann muss das Getriebe wieder neu aufgebaut werden.

Schnell kommen mir da Menschen in den Sinn, von denen ich überzeugt bin, dass sie am falschen Platz eingesetzt sind und die immer in die andere Richtung drehen und ziehen. Aber bevor ich so etwas überlege, sollte ich drüber nachdenken, ob vielleicht nicht ich eines dieser Zahnräder bin, das an der falschen Stelle eingesetzt ist. Oft kommt es mir so vor, als ob alle möglichen Kräfte an mir zerren und reißen, aber trotzdem nichts in Bewegung kommt. Dann sehe ich natürlich immer gerne das andere Zahnrad, das gegen mich, gegen meine Drehrichtung arbeitet. Aber eigentlich will ich ja die Kraft und Dynamik weitergeben, die ich von oben bekomme. Doch die Widerstände sind so groß, dass es kein wirkliches Vorankommen gibt. Auch wenn es schwerfällt oder sogar falsch aussieht, muss ich dann trotzdem überlegen, ob mein Platz an dieser Stelle im Getriebe noch der richtige ist.

Wenn ich meinen Platz verlasse, kann es sein, dass vieles einen anderen Drehsinn bekommt und in eine andere – in meinen Augen vielleicht falsche – Richtung geht. Es kann aber auch das Potenzial darin stecken, dass wieder Kraft und Dynamik auf die Straße kommen. Auch ohne mich. Das heißt aber nicht, dass es für mich keinen Platz im Getriebe mehr gibt und ich dadurch überflüssig bin. Aber wenn ich das Getriebe umbaue, indem ich meinen alten Platz verlasse, kann ich mich doch an einer Stelle einsetzen lassen, an der die Kraftübertragung funktioniert.

Oft kommt es mir vor, als ob viele Kräfte an mir zerren, aber trotzdem nichts in Bewegung kommt.

Ich kann mich an einem Antriebsstrang einsetzen lassen, bei dem ich die Dynamik fördern kann, anstatt sie zu hindern. Ich kann Orte suchen oder Gruppen gründen, bei denen sich Männer wohlfühlen und eine Aufgabe haben. Ich kann Raum und Zeit anbieten, bei der Männergemeinschaft gelebt und gefördert wird. Es muss ja nicht zwingend im Hauptantriebsstrang der Gemeinde, dem sonntäglichen Gottesdienst, sein. Warum nicht in einem Nebenantrieb? Da gibt es eine Vielzahl an Möglichkeiten. Warum suche ich mir nicht eine Männergruppe? Oder gründe eine? Oder warum investiere ich mich nicht, dass junge Männer maskulines Christsein erleben können, und mache in der Bubenjungschar mit?

***

Ich muss gestehen, dass ich an dieser Stelle beim Schreiben ganz schön ins Stocken geraten bin. Denn ich habe mich dabei ertappt, dass ich genau das getan habe, von dem ich in den vorausgehenden Zeilen abgeraten habe. Ich habe mich innerlich stark von dem Getriebe distanziert. Zum Gottesdienst gehe ich leider oft nur der Familie wegen. Ich bin ein freies Zahnrad in der Gemeinde geworden, das nicht dazu beiträgt, dass die Kraft auf der Straße ankommt. Klar, ich habe meinen hauptamtlichen Dienst in der Männerarbeit. Aber im Getriebe vor Ort tue ich nichts. Ich schimpfe nur.

Ich habe ganz schön lange gebraucht, um das Ende dieses Kapitels zu schreiben. Ich musste mit mir selbst ringen. Ich kann ja nicht ein Buch schreiben und Tipps geben, die ich selber nicht lebe. Letztlich möchte ich auch meinen Platz im Getriebe finden und sehne mich nach guter geistlicher Gemeinschaft. Letztlich möchte ich meine Verantwortung als Mann wahrnehmen – auch in der Gemeinde.

Deshalb habe ich mir vorgenommen,
die Sache in Angriff zu nehmen.
Entweder werde ich einen Männerkreis –
wie auch immer der aussehen mag –
gründen oder mich in der Jungschar investieren.
Hake ruhig mal bei mir nach!
Und was machst du?

WIE IST DAS MIT DEN ROLLENBILDERN VON MANN UND FRAU?

TIEFER GRABEN

Um die aktuelle Situation über die Rolle des Mannes besser verstehen und einordnen zu können, müssen wir einen kurzen Abstecher in die Geschichte machen.[6] Keine Angst, dauert nicht lange.

Noch im ausgehenden 18. Jahrhundert besaß der Mann die volle Gewalt und Entscheidungsbefugnis über seine Frau und Kinder. Er hatte die Verfügungsgewalt über das Eigentum der Familie. Wollte die Frau beispielsweise einer beruflichen Tätigkeit nachgehen, musste der Mann dem Arbeitsverhältnis zustimmen und den Vertrag unterschreiben. Politische Themen wurden allein vom Mann bestimmt. Frauen hatten zu dieser Zeit auch kein Wahlrecht.

Bis heute ist ein Rollenwandel des Mannes festzustellen, der nicht von den Männern selbst ausgegangen ist. Die Rolle des Mannes wurde durch äußere Einflüsse verändert. Während das Rollenbild der Frau aktiv, vor allem durch das Engagement der Emanzipationsbewegungen, verändert wurde, hat sich das männliche Geschlecht lediglich äußeren Veränderungen im Lauf der Geschichte angepasst. Im Grunde war gerade die Emanzipationsbewegung eine führende Ursache für den Wandel des männlichen Rollenverständnisses. Das bedeutet, wir sollten uns die veränderte Rolle der Frau anschauen, um Rückschlüsse auf die Veränderung der Rolle des Mannes zu schließen. Bereit, einen Blick zu wagen?

Im Zuge der *Aufklärung* war erstmals lautstark die Aufforderung zu hören, Frauen die gleichen Menschenrechte wie Männern zuzusprechen. Hierzu gehörten das Wahlrecht und das Recht auf Bildung und Arbeit. In der *Weimarer Republik* war dann, dank vieler Reformbewegungen, die bürgerliche Geschlechtergleichheit etabliert. Nach dem *Nationalsozialismus*, der die Frau wieder zur »Nur-Gebärerin« machen wollte, wurde im Grundgesetz die Gleichheit der Frau in allen gesellschaftlichen Lebensbereichen garantiert. Dennoch gab es zunächst wenig Veränderung der Rollenbilder und man hielt im bürgerlichen Leben *Nachkriegsdeutschlands* an der traditionellen Rollenverteilung fest. Erst durch die *»Wilden 68er«* kam es wieder zur einer »neuen Frauenbewegung«, die jetzt stärker vom Feminismus geprägt war. Zentrales Ziel dieser Bewegung war es, sich vom Mann abzugrenzen und sich der eigenen Weiblichkeit bewusst zu werden. Thesen zur Homosexualität, Abtreibung, zur Institution Ehe und Struktur der Familie wurden nun radikaler formuliert. In diesem Zuge wurde die bis dahin geltende Rolle des Mannes zunehmend angegriffen und als Kampf gegen das Patriarchat interpretiert. »Alles, was sich damals als ‚typisch männliches Rollenverhalten' identifizieren ließ, etwa eine größere kämpferische Entschlossenheit, wurde nun verteufelt.«[7]

1995 wurde auf der Weltfrauenkonferenz zum ersten Mal Gender-Mainstream propagiert. Vier Jahre später verpflichtete die Bundesregierung alle Ministerien dazu, die Leitprinzipien von Gender-Mainstream umzusetzen. Das heißt, dass alle Entscheidungsprozesse für Gesetze, Programme, Forschungsprojekte, Fördermaßnahmen und verwaltungsinterne Maßnahmen nach dem Prinzip der Geschlechtergerechtigkeit gestaltet werden sollen.

Mit dem Einzug dieser Leitlinien sind von offizieller und rechtlicher Seite aus alle geschlechterspezifischen Rollenverteilungen aufgehoben. Es gibt bei konsequenter Umsetzung von Gender-Mainstream nichts typisch Männliches oder Weibliches mehr.

Bis heute sind fast alle männerdominierten »Enklaven« auch für Frauen zugänglich gemacht worden. Ein Rollentausch wird in der öffentlichen Diskussion als modernes, anzustrebendes Ziel dargestellt. Dass die Rollen von Mann und Frau per Gesetz austauschbar sind, heißt noch lange nicht, dass es in der Gesellschaft bereits vollständig gelebt und vertreten wird. Während in den letzten 150 Jahren kontinuierlich die Rolle der Frau weiterentwickelt wurde, hat man die Rolle des Mannes mehr und mehr reduziert. »In der gesellschaftlichen Diskussion geht es viel um die Rolle und das Bild der Frau. Aber es geht nicht um die Männer.«[8] Stück für Stück haben sie abgegeben, während die Frauen in den vergangenen Jahren immer mehr Terrain erobert haben.[9]

Die Männer haben noch keine Methode gefunden, damit umzugehen. Die Aufhebung von allem Geschlechterspezifischen und das Eindringen von Frauen in sämtliche »Männerenklaven« können dazu führen, dass Männer ihre Identität verlieren. Keimt dann etwas auf, das als »männlich« betitelt wird, wird in unserer Gesellschaft oft folgendermaßen vorgegangen: Handelt es sich um etwas Positives oder Attraktives, muss es gerechtigkeitshalber auch für Frauen zugänglich gemacht werden. Oder es wird als primitiv und kindisch bewertet, als etwas, das halt das

»einfache« Geschlecht braucht, um seinen Testosteronhaushalt in Ordnung zu bringen. Etwa wenn sich Männer mit voller Begeisterung mit Markierungspistolen beschießen. Zu schnell wird das, was männlich ist, entweder im Rahmen der Gleichberechtigung neutralisiert oder als primitiv und nicht erstrebenswert abgewertet.

Während auf der einen Seite versucht wird, sämtliche Stereotypen in den Rollenbildern von Mann und Frau zu vermeiden, ist in den letzten Jahren zunehmend zu beobachten, wie die Konsumindustrie bewusst Stereotypen anspricht. So hat zum Beispiel die Werbung für Grillfleisch und Baumärkte einen verstärkt maskulinen Charakter angenommen: ein Cowboy vor lodernden Flammen, untertitelt mit: »Für echte Helden«. Das Grillen – zum Heldentum stilisiert. Unternehmen bedienen sich in ihrer Werbung aber nicht der Stereotypen, weil sie darin einen gesellschaftlichen Auftrag sehen und einen Gegenpol zu Gender-Mainstream bilden wollen. Sondern weil sie Profit machen wollen und weil sich Männer über solche nach wie vor Stereotypen ansprechen lassen.

Das Ergebnis: Zwar werden offiziell im öffentlichen Leben alle Stereotypen beseitigt, »klassische« Rollenmodelle sind aber in der gelebten Realität immer noch weit verbreitet und für viele attraktiv.

Männer leben heute zwischen zwei Polen: zwischen der öffentlichen, gesetzlich vorgeschrieben Meinung und ihrem inneren Empfinden. Diese Polarität zeigen auch die Ergebnisse einer groß angelegten Studie, die die Entwicklung von Männern über einen Zeitraum von zehn Jahren erfasst und ausgewertet hat.[10] Der Studie ist zu entnehmen, dass sich bei Männern eine Einstellungsänderung im Rollenverständnis abzeichnet. So hat bei Männern zum Beispiel die Wertschätzung der Frauenemanzipation und die Zustimmung zur gemeinsamen Haushaltsführung in den letzten Jahren zugenommen. Dass eine Frau von Natur aus besser geeignet sein soll, Kinder aufzuziehen, und dass ein Kleinkind unter der Berufstätigkeit der Mutter leidet, sehen Männer immer weniger als gegeben. Dem gegenüber steht, dass das, was Männer als männlich oder weiblich einschätzen, eher konstant geblieben ist.

Wenn ich davon schreibe, dass unsere Gottesdienste zu feminin sind, dann kommt diese Beobachtung zum Tragen. Nämlich dass viele Männer vermutlich unbewusst immer noch das klassische Rollenbild leben und deshalb auf klassisch feminine Muster zurückhaltend reagieren.

AN
HÄNGER
BETRIEB

DER MANN ALS ZUGFAHRZEUG IN DER FAMILIE

6

EIN GUTES GESPANN?

Schon mal Erfahrungen mit dem Fahren von Anhängern gemacht? Ja? Willkommen im Klub – ich auch. Nur zu gut kommen mir die Bilder meiner ersten Erfahrungen in den Sinn. Ich war jung und wir hatten Bauholz für unser Jugendzeltlager besorgt. Das wollten wir dann per Anhänger zum Zeltplatz fahren. Ohne große Erfahrung mit Anhängern und schweren Lasten haben wir das Ding schön vollgepackt. Dummerweise haben wir auch noch viel Material hinten aus dem Anhänger rausstehen lassen und so noch viel Gewicht nach hinten verlagert. Dann sind wir auf die Bundesstraße gefahren und haben fröhlich Gas gegeben. Es kam, wie es kommen musste: Unser Hänger fing an, sich aufzuschaukeln.

Er fing an, so schlimm zu schlingern, dass er drohte umzukippen. Wir hatten Angst, dass uns dieser Hänger mit dem ganzen Gespann von der Straße zieht. Unser erster Gedanke war: »Wir brauchen mehr Gas, wir müssen schneller fahren, dann kann sich der Hänger wieder geradeziehen.« Gedacht, getan. Aber das Ergebnis war nicht gerade berauschend. Das Schlingern wurde nicht weniger, eher noch mehr. Wir kamen ganz schön ins Schwitzen. Letztendlich half nur: Fuß vom Gas und ganz sachte auf die Bremse treten. Was haben wir dabei gelernt? Anhänger fahren ist doch nicht so simpel, wie es auf den ersten Blick aussieht.

Anhänger fahren ist doch nicht so simpel, wie es auf den ersten Blick aussieht.

Man kann nicht einfach ankuppeln und munter drauflosfahren. Man muss den Anhänger immer gut im Blick haben. Dann läuft er gewöhnlich immer schön in der Spur des Zugfahrzeuges. Und wenn man ein paar wichtige Regeln beachtet, kann aus Anhänger und Zugfahrzeug ein richtig gutes, leistungsfähiges Gespann werden. Und dann bringt das Zugfahrzeug nicht nur den Hänger von A nach B, sondern der Hänger kann dem Zugfahrzeug Lasten abnehmen, die es ohne Hänger nicht bewegen kann.

***

Ein richtig gutes Gespann zu sein, wünsche ich mir auch für mich und meine Familie. Ich wünsche mir, dass ich mit meiner Frau als ein richtig gut eingespieltes Gespann unterwegs bin. Und dass sich unsere Kinder dann auch in dieses Gespann einbinden lassen. Bei jedem Fahrzeuggespann braucht es allerdings immer ein Zugfahrzeug, an das die Anhänger angekuppelt werden.

Ich weiß, das ist heutzutage nicht mehr wirklich gesellschaftsfähig, aber ich bin überzeugt, dass wir Männer die Zugfahrzeuge dieser Gespanne sind. Ich bin überzeugt, dass wir Männer die geistlichen Leiter und Zugfahrzeuge unserer Familien sind, ob wir es wollen und wahrnehmen oder nicht. Ich bin überzeugt, dass wir Männer als Ehemann und Vater einen wesentlichen Einfluss auf die geistliche Entwicklung unserer Familie und Kinder haben. Mehr noch als die Mutter. Diese Überzeugung stützt sich nicht allein auf die Aussagen der Bibel. Nein, meine Überzeugung stützt sich auch ganz trivial auf meine eigenen Beobachtungen, die ich gerne teilen möchte.

Wir Männer haben einen wesentlichen Einfluss auf die geistliche Entwicklung unserer Familie.

Es gibt unterschiedliche Konstellationen in Familien. In manchen Familien sind alle Mitglieder in Gemeinde und Kirche am Start. Es gibt aber auch Familien, in denen nur ein Elternteil – sagen wir mal – kirchlich aktiv ist. Dann gibt es noch Familien, in denen die Kinder, wenn sie erwachsen werden, anfangen sich zu distanzieren. Meine Beobachtung ist: In Familien, in denen der Vater aktiv Jesus nachfolgt und geistlich vorangeht, ist die Wahrscheinlichkeit höher, dass auch die Frau und die Kinder einen lebendigen Glauben leben. Lebt dagegen nur die Frau und Mutter ein lebendiges Christsein, sinkt die Wahrscheinlichkeit, dass der Mann und die Kinder Jesus nachfolgen, rapide.

Ähnliches beobachte ich auch in den Gemeinden selbst. In blühenden, wachsenden Gemeinden, in Gemeinden, bei denen Dynamik und tiefes geistliches Leben zu spüren sind, sind die Männer aktiv am Start. Es gibt nun zwei Möglichkeiten, diese Beobachtung zu deuten: Man könnte argumentieren, dass Männer nur gesunde, blühende Gemeinden besuchen, weil sie nur die anziehend finden. Aber man könnte auch argumentieren, dass für eine geistlich gesunde Gemeinde Männer notwendig sind. Auch wenn es in der Realität wahrscheinlich oft eine Mischung aus beiden Ansätzen ist, entscheide ich mich für das Zweite. Ich glaube, dass Männer deswegen in blühenden Gemeinden präsent sind, weil Männer für gesunde Gemeinden wichtig sind.

Das sind nur meine Beobachtungen und sie beruhen nicht auf wissenschaftlichen Erkenntnissen. Und es gibt mit Sicherheit auch Ausnahmen. Trotzdem haben mich diese Beobachtungen zu der Überzeugung gebracht, dass wir Män-

Für eine geistlich gesunde Gemeinde sind Männer notwendig.

ner eine geistliche Verantwortung für unsere Familie und Gemeinde haben, ganz egal, ob wir sie wahrnehmen oder nicht. Und jetzt sind wir wieder bei unserem Anhänger. Ich glaube, dass wir Männer die geistlichen Zugfahrzeuge für unsere Gemeinden und Familien sind. Schlagen wir den richtigen Weg ein, dann ist die Wahrscheinlichkeit, dass unser Anhänger, zum Beispiel unsere Familien, den gleichen Weg wählen, wesentlich höher. Gehen wir Männer andere Wege und überlassen das Gemeindeleben und die geistlichen Dinge anderen, ist die Gefahr größer, dass unsere Familie uns darin ebenfalls nachfolgt.

Manchmal ist es ja so: Man fährt mit seinem Anhänger so vor sich hin und ist sich gar nicht mehr bewusst, welchen Einfluss das Zugfahrzeug auf den Anhänger hat. So sind wir Männer uns vielleicht auch nicht mehr bewusst, welche Verantwortung wir als Männer für das gesunde geistliche Leben unserer Familien und Gemeinden haben. Wir geben diese Verantwortung gerne auch mal an die Frauen ab. Aber sind vielleicht die Frauen nicht eher wie die Anhänger, die darunter leiden, dass wir Männer unsere Aufgabe als Zugfahrzeug nicht wahrnehmen?

DIE ROLLE DES ZUGFAHRZEUGS

Jetzt ist ein guter Zeitpunkt, um eine der einschlägigen Bibelstellen dazu zu betrachten:

Ihr Ehefrauen sollt euch euren Männern unterordnen, so wie ihr euch dem Herrn unterordnet. Denn der Mann ist das Haupt seiner Frau, wie Christus das Haupt seines Leibes – der Gemeinde – ist, für die er sein Leben gab, um sie zu retten. So wie die Gemeinde sich Christus unterordnet, sollt ihr Ehefrauen euch auch euren Männern in allem unterordnen. Und ihr Ehemänner, liebt eure Frauen mit derselben Liebe, mit der auch Christus die Gemeinde geliebt hat. Er gab sein Leben für sie, damit sie befreit von Schuld ganz ihm gehört, rein gewaschen durch die Taufe und Gottes Wort.
Epheser 5,22-26

Ich weiß, dass diese Bibelstelle immer wieder diskutiert wird. Keine Angst, ich fange hier keine theologische Abhandlung an. Für mich stellt sich hauptsächlich eine spannende Frage: Was versteht die Bibel hier unter dem Begriff »Haupt«. Bei Haupt denke ich schnell an eine Kommandozentrale, die wie ein Steuergerät alles im Griff hat und alles lenkt. Alle Informationen müssen über das Steuergerät laufen. Es entscheidet dann, was, wann, wie gemacht wird. Warum denke ich so? Weil ich anatomisch denke.

Ich denke einfach so, wie unser menschlicher Körper aufgebaut ist. Dann ist klar, dass im Kopf das Gehirn sitzt. Das Gehirn ist die Kommandozentrale des Menschen. Alles, was der Mensch tut, denkt und fühlt, geht vom Gehirn, vom Kopf aus. Der Kopf sendet Steuersignale, die der Körper umsetzt, ohne Fragen zu stellen. Und weil wir von dieser Art zu denken kommen, verstehen wir den Text auch sofort in dieser Richtung. Wir assoziieren bei dem Begriff Haupt genau das: dass das Haupt, der Kopf, die alleinige Kontrolle über alles hat. Er steuert alles und die Glieder müssen die Befehle ausführen. Und schon sind wir bei dem sogenannten Patriarchat – dem alleinigen, dominanten Herrscher über die Frau. (Wenn du direkt mehr über das Patriarchat lesen willst, kannst du zu *Tiefer graben* am Ende des Kapitels gehen.)

Ich glaube allerdings, wenn die Bibel von »Haupt« spricht, denkt sie nicht so anatomisch wie wir.

Sie denkt anders. Denn im biblischen Denken liegt die tiefste Wurzel des menschlichen Handelns und Denkens nicht im Kopf, sondern im Herzen.

Der Zustand des Herzens prägt den Mensch im Erscheinungsbild und im Tun. Ganz viel unseres Fühlens, Denkens und Tuns ist nach biblischem Verständnis nicht im Kopf, sondern im Herzen verankert. Wenn nun der Mann das Haupt, aber nicht das Herz ist, dann hat er auch keinen Einfluss auf das Herz: also auch keinen Einfluss auf das Denken, Fühlen und Tun der Frau. Nach biblischem Denken ist der Mann als das Haupt nicht die Kommandozentrale der Frau. Nein, es ist das Herz. Daher sind wir in diesem Verständnis weit weg von einer patriarchalischen Welt und von einer Welt, in der Frauen beherrscht und fremdgesteuert werden.

IM BIBLISCHEN DENKEN

LIEGT DIE WURZEL

VON HANDELN UND DENKEN

NICHT IM KOPF,

SONDERN IM HERZ.

Auch wenn der Mann als das Haupt nicht die Kommandozentrale der Frau ist, hat er wohl trotzdem eine vorrangige Rolle. Ihm kommt in seiner Rolle als Haupt eine besondere Form der Verantwortung zu, nämlich vor allem die geistliche Verantwortung für die Frau und die Familie. So, wie Jesus die geistliche Verantwortung für die Gemeinde hat, so steht der Mann als das Haupt in der geistlichen Verantwortung für die Frau und die Familie. Der Mann ist verantwortlich dafür, dass die Familie Gott begegnen und erleben kann. Jesus kam als Haupt dieser Verantwortung gegenüber der Gemeinde nach, indem er sie errettet hat.

Der Mann steht hier genauso in der Pflicht. Er muss als Zugfahrzeug so vorausfahren, dass der Anhänger nirgends hängen bleibt und Beschädigungen erleidet. Am einfachsten funktioniert das, wenn das Zugfahrzeug so vorausfährt, dass der Anhänger sauber hinterherlaufen kann. Versucht das Zugfahrzeug dagegen, den Anhänger rückwärts in eine bestimmte Richtung zu drücken, stellt man ziemlich schnell fest, wie schwierig das ist. Beim Rückwärtsfahren ist der Anhänger wesentlich schwieriger zu kontrollieren und bricht viel schneller in die eine oder andere Richtung aus. So ist es meiner Meinung nach auch am einfachsten, wenn ich als Mann und als Haupt den Menschen, denen ich vorangestellt bin, auch vorausgehe. Auf diese Weise kann ich sie auf dem Weg meiner Nachfolge mitnehmen, anstatt sie gewaltsam rückwärst in eine Ecke zu schieben, in die ich selbst auch nicht gehen will. Letzteres ist das, was Patriarchen gerne tun: Sie drücken die Menschen, denen sie eigentlich vorausgehen sollten, rückwärst in eine Ecke. Kein Wunder, dass da manche Anhänger seitlich ausbrechen.

Folgende Dinge sollte ich als Zugfahrzeug im Blick haben:

DEN HÄNGER NICHT ZU STARK BELADEN

Nicht wenige Männer sagen: »Ich bin mein Leben lang vorausgegangen, ich war ihnen ein Vorbild im Glauben. Ich war immer aktiv und immer mit voller Kraft in der Gemeindearbeit dabei. Ich habe meinen Kindern immer meinen Glauben vorgelebt und ihn ernst genommen. Ich war ein Zugfahrzeug. Und trotzdem sind sie ausgebrochen. Trotzdem sind sie andere Wege gegangen und wollen vom christlichen Glauben nichts mehr wissen.« Ich rede an dieser Stelle vermutlich wie der Blinde von der Farbe, denn meine Kinder sind noch zu klein, um wirklich ausbrechen zu können. Aber meine Beobachtung ist, dass manche Zugfahrzeuge ihre Anhänger zu stark beladen haben.

Wenn ich den Menschen, denen ich vorangestellt bin, zu viel auflade, brechen sie schnell aus.

Genauso ging es mir, als ich als junger Kerl beim Zeltlager zu viel Holz auf den Hänger gepackt habe. Wenn ich meinen Anhänger zu stark belade, kann er bei höheren Geschwindigkeiten ganz schön ins Schleudern geraten. Dabei droht dann nicht nur die Gefahr, dass Anhänger und Zugfahrzeug vom Weg abkommen, dass beide ins Schleudern geraten. Wenn ich den Menschen, denen ich vorangestellt bin, zu viel auflade, wenn ich zu viel fordere, besteht die Gefahr, dass sie ausbrechen und andere Wege gehen. Ich kann meinen Anhänger schnell überladen. Nämlich dann, wenn ich zu viele Vorgaben und Richtungsanweisungen mache. Oder wenn ich die Art und Weise, wie ich als Zugfahrzeug geistliches Leben lebe und Gott diene, als den alleinigen Weg deklariere. So war es zumindest bei mir.

Ich erinnere mich an eine kurze Zeit in meinem Leben, in der meine Eltern genau das versucht haben. Für eine Weile waren mir der ganze christliche Zirkus und seine Veranstaltungen zuwider. Außerdem hatte ich keine Lust, mit den Leuten vom Jugendkreis abzuhängen. Ich fand die lahm. Meinen Eltern war es aber wichtig, dass ich in den Jugendkreis gehe und mit den Leuten dort Zeit verbringe. So fingen sie an, den Hänger zu beladen, indem sie Druck ausübten und mich zum Jungenkreis zwangen. Ich empfand das damals so bedrängend und belastend, dass ich dagegen rebelliert habe und ausgebrochen bin. Ausgebrochen bin ich nicht wegen der Last an sich, also dem Jugendkreis. Sondern weil ich nicht wollte, dass meine Eltern den Anhänger für mich beladen. Dagegen habe ich rebelliert.

KONTROLLIEREN, OB DER ANHÄNGER SAUBER ANGEKUPPELT IST

Einmal ist es mir passiert: Ich hatte einen Anhänger angekuppelt. Dabei war ich unter Zeitdruck und habe vergessen zu kontrollieren, ob die Kugelkupplung der Deichsel auch sauber auf dem Kugelkopf des Zugfahrzeugs sitzt. Das hätte ich besser tun sollen, denn das war sie eben nicht. Die Kupplung war nicht sauber eingerastet. Ich bin dann ahnungslos losgefahren. Das ging auch erst mal gut. Bis die erste Bodenwelle kam und mir die Deichsel von der Kupplung gesprungen ist. Mein Glück an der ganzen Sache war, dass ich zumindest das Abreißseil, das in solchem Fall die Feststellbremse des Anhängers anzieht, ordnungsgemäß angebracht hatte. So kam der Anhänger rechtzeitig zum Stehen und ich bin vor einem größeren Schaden bewahrt worden. Der Schreck saß trotzdem tief.

Seit diesem Tag überprüfe ich immer ganz genau, ob die Kupplung richtig eingerastet ist und der Anhänger fest mit dem Zugfahrzeug verbunden ist. Denn nur

Ich muss in die Verbindung zwischen mir und den Menschen, denen ich vorangestellt bin, investieren.

dann, wenn die Kupplung richtig mit dem Zugfahrzeug verbunden ist, kann der Anhänger sauber hinterherlaufen. Diese Zeit muss ich mir nehmen. Da muss ich hineininvestieren.

Ich muss als Zugfahrzeug meiner Familie in die Kupplung, in die Verbindung zwischen mir und den Menschen, denen ich vorangestellt bin, investieren. Ich muss darauf achten, dass diese Verbindung sauber hergestellt ist. Sonst laufe ich Gefahr, dass der Anhänger bei der ersten Unwegsamkeit abspringt und ausschert. Ich kann superschön geistliches Leben als Mann vorleben und vorausgehen. Aber wenn die Beziehung nicht passt, wenn die Verbindung nicht sauber sitzt, können diese Menschen mir auch nicht hinterherlaufen. Entweder springen sie bei der ersten Unwegsamkeit ab, oder bleiben gar von Anfang an stehen. Alles geistliche Vorleben und Vorbild sein bringt nichts, wenn ich nicht richtig angekuppelt habe.

Das klingt in dem Bild so einfach, im wahren Leben ist es aber sehr herausfordernd. Wenn ich will, dass meine Familie mich als Haupt akzeptiert und mir folgt, muss ich eine gute Verbindung zu ihr haben. Das passiert nicht dadurch, dass ich überall hinpresche, wo geistlich etwas los ist, und einen Anhänger hinterherschleife, der nicht richtig dran ist, sondern indem ich mir Zeit beim Ankuppeln lasse.

Beim Anhänger ist ziemlich einfach zu erkennen, wenn die Kupplung richtig sitzt. Nämlich dann, wenn die Markierung auf das grüne + zeigt. Bei allen anderen Positionen sollte man nicht losfahren. Beim Menschen sieht man nicht so leicht, ob die Markierung auf dem grünen Plus steht. Aber ich glaube, ein ehrlicher Blick auf die Verbindung kann schon ganz viel helfen.

DEN WEG SO WÄHLEN, DASS DER ANHÄNGER NICHT STECKEN BLEIBT

Ich liebe es, wenn ein Anhänger sauber hinterherläuft. Es gibt ja solche Anhänger, die liegen einfach so gut auf der Straße, dass man sie beim Fahren kaum wahrnimmt. Bei solchen Anhängern vergisst man auch schnell mal, dass sie überhaupt da sind. Man denkt gar nicht mehr daran, dass man noch einen Anhänger hinten dran hat. Das kann dann auch ganz blöde enden.

So kann es auch im Leben sein. Ich lebe mein Leben und fahre so vor mich hin, alles läuft gut. Ich als Haupt fahre voraus und die Familie läuft wie ein guter Anhänger schön in der Spur nach. Dabei kann man leicht vergessen, dass da ja noch ein Anhänger ist, der irgendwie auch hinterherkommen muss. Auch wenn das Gewicht nicht zu groß ist und die Kupplung richtig sitzt, muss mir stets bewusst sein, dass ich meinen Weg so wählen muss, dass der Anhänger hinterherkommt. Nicht alle Wege, die ich als Haupt und Zugfahrzeug nehmen kann, sind automatisch dafür gebaut, dass auch ein Anhänger dorthin folgen kann. Wenn ich zu scharf um eine Ecke biege, kann es sein, dass der Hänger die Kurve nicht schafft und hängen bleibt. Oder ich fahre so tief in den Schlamm, dass der Hänger versinkt und auch ich stecken bleibe. Deshalb muss ich beim Fahren im Anhängerbetrieb meine Route entsprechend wählen. Manchmal ist es dann günstiger, einmal um den Block zu fahren oder einen längeren Weg mit befestigter Straße zu benutzen.

Nicht alle Wege, die ich als Zugfahrzeug nehmen kann, sind auch für einen Anhänger geeignet.

Und genauso muss ich als Haupt und Zugfahrzeug meinen Weg so wählen, dass auch meine Familie eine Chance hat, hinterherzukommen. Ich persönlich fange zum Beispiel mit vielen Formen des Gottesdienstes wenig an. Es zieht mich nicht unbedingt in die Gemeinde. Ich habe mehr Gottesbegegnungen auf dem Fahrrad, auf einer Skitour oder bei einem guten Gespräch mit einem Freund. Der sonntägliche Lobpreis in der Gemeinde trägt eher selten dazu bei. Mein persönlicher Weg sieht da anders aus. Das heißt aber nicht, dass meine Familie auf diesem Weg auch hinterherkommt. Ich schätze, dass meine Frau auf einer Skitour – außer vielleicht einem Klagegebet – eher weniger Gottesbegegnungen hat. Das heißt, dass ich als Zugfahrzeug und Haupt auch Wege nehmen muss, die ich ohne »Anhänger« nicht nehmen würde. Und so fahre ich halt sonntags um den Block und gehe mit in die Gemeinde. Nicht in erster Linie für mich, sondern weil ich weiß, dass es für meine Frau und meine Familie wichtig ist.

WIE IST DAS MIT DEM PATRIARCHAT?

TIEFER GRABEN

Patriarchat bedeutet eigentlich wörtlich die »Herrschaft von Vätern«. Im Alten Testament wurden die Erzväter als Patriarchen bezeichnet. Also Männer wie Abraham, Isaak und Jakob. Doch die Bedeutung hat sich gewandelt. Spricht man heute vom Patriarchat, versteht man oft die Dominanz der Männer gegenüber den Frauen. Das Patriarchat wird als ausbeuterische und unterdrückende Herrschaft gesehen: der Mann als absoluter Herrscher über die Frau und die Familie mit freier Entscheidungsgewalt. Interessant ist, dass in der Vergangenheit in fast allen Kulturen und Religionen der Erde, seien es christliche, muslimische oder Urvölker, eine Form des Patriarchats gelebt wurde. Manche Kulturen sind dabei, es abzulegen, und manche pflegen es noch immer. Gern wird in solchen Fällen dieses Patriarchat dann durch religiöse oder staatliche Gesetze geschützt.

Auch im Christentum wurde in der Vergangenheit das Patriarchat gelebt. Die Unterordnung der Frau, wie sie im Epheserbrief beschrieben ist, wurde leider gern auch als Herrschaft und Unterdrückung ausgelegt. Doch wie versteht die Bibel diese Unterordnung? Manche Theologen sind der Meinung, dass die Unterordnung der Frau den Christen heutzutage nicht mehr gilt. Ihrer Meinung nach ermahnt Paulus die Frauen nur zur Unterordnung, weil es in der damaligen Zeit für anständige Frauen so Sitte war. Andere Theologen sehen diese Unterordnung als ein gesamtbiblisches Konzept, das schon im Schöpfungsbericht verankert ist. Gott spricht hier nämlich zur Frau: »Du wirst dich nach deinem Mann sehnen, doch er wird über dich herrschen« (1. Mose 3,16).

Dann sprach er zu der Frau: »Mit großer Mühe und unter Schmerzen wirst du Kinder zur Welt bringen. Du wirst dich nach deinem Mann sehnen, doch er wird über dich herrschen.« Und zu Adam sprach er: »Weil du auf deine Frau gehört und von der verbotenen Frucht gegessen hast, soll der Ackerboden deinetwegen verflucht sein. Dein ganzes Leben lang wirst du dich abmühen, um dich davon zu ernähren. Dornen und Disteln werden auf ihm wachsen, doch du musst dich vom Gewächs des Feldes ernähren.«

1. Mose 3,16-18

Über diese Bibelstelle wurde schon viel geschrieben und diskutiert. Ich persönlich tue mich aber schwer, diesen Vers aus dem Schöpfungsbericht als eine Bestätigung für eine Vorrangstellung des Mannes in jeglicher Form zu sehen. Egal, ob es als Unterdrückung gedeutet oder ob es als das Herrschen innerhalb einer Gleichwertigkeit gesehen wird.

Der Kontext dieser Bibelstelle beschreibt die Konsequenzen Gottes in Bezug auf den Sündenfall. Die Schlange und der Ackerboden werden von Gott verflucht. Und dem Menschen (Mann und Frau) werden ebenfalls die Konsequenzen des Sündenfalls offenbart. Mit diesen Folgen des Sündenfalls müssen sie ab sofort leben. Der Mann wird sich ein Leben lang mit Mühsal von dem verfluchten Ackerboden nähren und im Schweiße seines Angesichts sein Brot essen müssen. Die Frau wird unter Mühen Kinder gebären und Verlangen nach ihrem Mann haben. Doch der wird ihr Herr sein.

Wir spüren die Folgen des Sündenfalls noch heute. Wir leben nicht im Schlaraffenland. Wir müssen unter dem Schweiße unseres Angesichts unser »Brot« verdienen und die Frau muss immer noch unter Schmerzen Kinder gebären. Und das betrifft nicht nur einen bestimmten Kulturkreis, sondern alle Menschen der Erde. Die Folgen des Sündenfalls haben sich auf die ganze Erdbevölkerung ausgebreitet. Deshalb denke ich, dass das Patriarchat – das wir auf der ganzen Welt beobachten – eine Folge des Sündenfalls ist und kein Schöpfungswerk Gottes.

Jesus macht einen Unterschied im Umgang mit Frauen. Er achtet sie und schenk ihnen Anerkennung. Er hat durch seine große Wertschätzung gegenüber Frauen ganz bewusst einen Samen der Gleichberechtigung in die jüdische Gesellschaft gesät. Doch obwohl Jesus Frauen ganz anders behandelt, als es in der damaligen Zeit üblich war, hat er doch zwölf *Männer* als seine Apostel ausgewählt. Warum das? Weil es der Kultur und Sitte entsprach oder weil der Mann eben eine besondere Verantwortung als das Haupt der Frau hat?

ÜBERLASTET

7

KURZ BEVOR ALLES ZUSAMMENBRICHT

UNFALL IM HOCHREGALLAGER

So, jetzt steigen wir mal ein bisschen tiefer in den Maschinenbau ein. Keine Angst, ich werde es so erklären, dass es jeder versteht!

Vor einigen Monaten bekam ich ein krasses Video zugeschickt. Das Video zeigt den spektakulären Unfall eines Gabelstaplers in einem Hochregallager. Wann und wo der Clip von einer Überwachungskamera aufgezeichnet wurde, ist nicht klar.

Code scannen und Clip anschauen

Alles beginnt recht unspektakulär: Die Aufnahme zeigt ein Lagerhaus mit meterhohen Regalen. Erst ist alles normal, doch dann nähert sich ein Stapler aus dem hinteren Bereich des Großlagers. Als der Fahrer des Staplers Paletten, die im Gang stehen, ausweichen will, nimmt das Unglück seinen Lauf. Er touchiert ganz leicht das meterhohe, mit schweren Warenpaletten beladene Regal und löst damit eine echte Katastrophe aus. Unmittelbar nach der Berührung stürzt das erste Regal samt Waren in sich zusammen und hinterlässt ein echtes Trümmerfeld. Doch es kommt noch schlimmer: Auch die benachbarten Regale geraten durch die Wucht des Zusammenbruchs ins Wanken und Fallen in sich zusammen wie ein Kartenhaus. Wie Dominosteine kippen die Regale der Reihe nach um und begraben nicht nur den glücklosen Staplerfahrer samt Gefährt, sondern auch dessen Kollegen unter sich. Was übrig bleibt, sind verbogene Metallstreben, die einst Regalböden hielten, Unmengen von Pappkarton und zerstörter Waren, ein Sachschaden im nicht zu beziffernden Bereich und vermutlich einige verletzte Lageristen.

Was war passiert? Das Regal war so vollgestellt mit Waren, dass die leichte Berührung des Staplers mit dem Regal reichte, dass das Regal nachgab und in sich zusammenbrach. Wie konnte es dazu kommen? Das Regal war bereits ziemlich vollgestellt und belastet. Doch vermutlich wurde es trotzdem mit immer mehr Paletten beladen. Die Last auf dem Regal wurde größer und größer. Bis dann die Spannungen in einem Bauteil des Regals so hoch waren, dass die Festigkeit des Materials an ihre Grenzen kam. Dann kam der Gabelstapler und touchierte minimal

Die Last auf dem Regal wurde größer und größer – bis irgendwann das Material versagte.

dieses Bauteil, das ohnehin schon kurz vor dem Reißen war. Die Spannung im Material wurde dadurch so hoch, dass die Bruchfestigkeit überschritten wurde und das Material versagte.

Wenn ich hier jetzt von Spannungen rede, hat das nichts mit Strom zu tun. Da kommt kein Strom aus dem Regal. Die Stromspannung gibt es zwar auch, aber wir reden hier von der mechanischen Spannung. Die mechanische Spannung ist ein Maß für die innere Beanspruchung eines Körpers infolge einer Belastung von außen. Angegeben wird die Spannung immer in Kraft pro Fläche. Das heißt, wie viel Kraft auf eine bestimmte Fläche im Material wirkt. Die Kraft ist hierbei die Belastung von außen. Bei unserem Hochregal sind die unzähligen Waren-Paletten die Kraft. Die Fläche, auf die diese Kraft wirkt, ist der Querschnitt unseres Materials.

Also ganz einfach gesprochen: Wenn in unserem Regal ein zylindrischer Stab verbaut ist, dann entstehen die Spannungen in einem kreisförmigen Querschnitt. Jedes Material kann bestimmte Spannungen – also Kräfte pro Fläche – aushalten, bevor des nachgibt. Und so war es auch bei unserem Hochregal. Die Spannungen in einem einzigen Bauteil stiegen über die Belastbarkeitsgrenze[11], das Teil versagte und brach. Weil andere Bauteile, die schon stark belastet waren, jetzt noch die Last des kaputten Teils übernehmen mussten, wurde auch bei ihnen die Bruchfestigkeit überschritten, sodass auch diese Bauteile nachgaben. Und so setzte die Kettenreaktion ein.

WIE STARK IST DEIN REGAL BELASTET?

Auch wir Männer sind immer wieder Spannungen – Belastungen von außen – ausgesetzt. Alle möglichen Kräfte ziehen und zerren an uns oder setzen uns unter Druck. Immer wieder kommen neue Päckchen dazu, die wir tragen sollen. Unser Leben ist von vornherein eigentlich schon ziemlich voll, aber es kommen immer und immer wieder neue Belastungen, neue Lasten, die wir tragen sollen, dazu. All das wird ins Regal gestapelt und die Last wird immer größer. Zumindest geht mir das so. Manchmal sind diese Spannungen so groß, dass ich das Gefühl habe, wenn jetzt noch eine Kleinigkeit dazukommt, wenn mich jetzt ein Stapler noch leicht touchiert, dann ist die Bruchfestigkeit überschritten. Dann kann ich nicht mehr und versage. Und alles bricht in einem heillosen Chaos über mir zusammen.

Gefühlt wollen alle etwas von mir, jeder zieht und zerrt an mir und fordert meine Aufmerksamkeit. Die Arbeit fordert mich extrem. Den ganzen Tag bin ich dabei, die Welt zu retten. Und auf dem Heimweg mache ich dann noch schnell drei dringende Telefonate. Das letzte Telefonat noch zu Hause im Treppenhaus. Dann betrete ich die Wohnung und meine Frau streckt mir ein schreiendes Kind entgegen mit den Worten: »So, jetzt bist du mal dran!« Klar, ich habe es mir ja den ganzen Tag bei der Arbeit gemütlich gemacht und komme dann nach ein paar Feierabendbierchen mit den Kollegen ganz entspannt nach Hause. Nein! Ich habe mich gestresst, dass ich es irgendwie zum Abendessen heim schaffe. Wie auch immer. Ich muss innerhalb weniger Sekunden auf den Familienmodus umschalten.

Gefühlt wollen alle etwas von mir, jeder zieht und zerrt an mir und fordert meine Aufmerksamkeit.

Der Kleine möchte mit mir mit seinen Autos spielen, ich muss Abendessen machen und das Baby wickeln. Dabei stapeln sich die Projekte zu Hause, die dringend angegangen werden sollten, höher und höher: Das Brennholz muss dringend ins Trockene, bevor es fault, der Zaun muss gestrichen werden und natürlich die Steuererklärung muss gemacht werden. Alles am besten gestern. In der Gemeinde will man, dass ich noch dies und jenes mache, und die Eltern fragen, wann ich denn endlich mal komme, um ihnen im Garten zu helfen. Und überhaupt möchten sie auch die Enkel mal wiedersehen. All diese Dinge erzeugen Spannung in meinem Leben und sind neue, schwere Paletten in dem Regal. Dazu können natürlich auch noch die richtig schweren Lasten kommen, wie Krankheit in der Familie oder Sorgen um die Kinder, Spannungen in der Partnerschaft oder der Verlust des Arbeitsplatzes, die Finanzierung des Hauses ….

Die Liste kann beliebig erweitert werden. All das sind Kräfte, die auf einen einwirken und belasten. Und irgendwie klappt es nicht, das Regal zu entlasten. Es kommt immer noch etwas dazu. Was mir in solchen Situationen dann manchmal den Rest gibt, ist, dass mir dann noch vorgeworfen wird, ich würde immer nur an mich selbst denken und immer mein Ding durchziehen wollen. Das fühlt sich fast wie der Stapler an, der mich touchiert. Ich versuche, es allen recht zu machen und bin gefühlt nur noch darum bemüht, die Anforderungen, die andere an mich stellen, zu erfüllen. Und was ist der Dank? Man wird als Egoist abgestempelt. Da meint man es nur gut, und trotzdem ist man der Dumme. In solchen Situationen ist die innere Spannung dann so hoch, dass die Bruchfestigkeit fast erreicht ist.

Ich versuche, alle Anforderungen zu erfüllen. Und dann werde ich auch noch als Egoist abgestempelt.

Da bin ich dann kurz vor dem Zusammenbrechen. Immer wieder stelle ich fest, dass das kein Einzelfall ist, dass es nicht nur mir so geht. Ich höre Geschichten von Männern, denen es genauso ging. Geschichten von Männern, die die hohen Spannungen, denen sie ausgesetzt waren, nicht mehr ausgehalten haben. Nicht wenige Männer reißen dann aus dem Spannungsverhältnis aus. Sie hauen ab, trennen sich von Partner, Familie und Gemeinde. Sie schmeißen sämtliche Waren und Pakete mit Gewalt aus ihrem Regal. Damit nehmen sie auch das Risiko in Kauf, dass viele der Dinge, die im Regal stehen, dabei zerbrechen. Es können nicht nur die Beziehung zu Partner, Kindern und Freunden zerbrechen, sondern es besteht auch die Gefahr, dass die Menschen selbst daran zerbrechen. Aber dieses Risiko nehmen diese Männer in Kauf. Die Spannungen waren zu hoch. Sie wollen sich an anderer Stelle ein neues Leben aufbauen, indem sie nur diese Dinge ins Regal lassen, die sie auch wirklich drin haben wollen.

Diese Männer haben das Regal dann einfach mit Gewalt geräumt. Alle Waren wurden aus dem Regal geschmissen, auch auf die Gefahr hin, dass viel kaputtgeht. Wenn ich ehrlich bin, dann spiele ich auch hin und wieder mit dem Gedanken. Wie schön wäre es, all den Druck und die Lasten, die auf mich einwirken, einfach aus dem Regal zu räumen und abzuhauen. Ich male mir das dann immer besonders schön und romantisch aus: eine einsame Blockhütte irgendwo im Nirgendwo, in den Wäldern von Kanada. Nur ich, meine Rentiere und der Wald. Tagsüber Holz haken und Jagen und abends gemütlich mit einer Pfeife am Lagerfeuer sitzen und die Ruhe genießen.

Wenn ich allerdings genauer darüber nachdenke und die Sache reflektiere, dann wird mir schnell klar, dass dieser Traum unrealistisch ist. Denn das Leben in der Wildnis Kanadas kann einen ziemlich schnell herausfordern, dass die Spannungen genauso groß werden, wenn nicht sogar noch größer. Ganz schnell kämpft man dann dort ums nackte Überleben.

VIELE MÄNNER SCHMEISSEN
SÄMTLICHE WAREN UND PAKETE
MIT GEWALT AUS IHREM REGAL,
WENN SIE KURZ VOR DER
BELASTUNGSGRENZE SIND.

SIE HAUEN AB, TRENNEN SICH
VON PARTNER, FAMILIE UND GEMEINDE.

ES GIBT KEIN SPANNUNGSFREIES LEBEN

Ich bin überzeugt, dass es kein spannungsfreies Leben gibt. Die Lasten, die in unserem Regal stehen, können vielleicht unterschiedlich sein, aber es gibt keine leeren Regale. Und es gibt auch kein spannungsfreies Leben.

Wenn jetzt die Lösung mit der Blockhütte keine wirkliche Lösung ist, sondern nur das Problem verschiebt, wie gehe ich dann mit den Spannungen in meinem Leben um? Ich will ja verhindern, dass die Spannungen irgendwann meine Bruchfestigkeit überschreiten, ich zusammenbreche und dadurch erst recht ein Trümmerfeld entsteht.

Vielen Personen in der Bibel ging es ähnlich. Viele waren in unerträglichen Spannungsverhältnissen gefangen. Und viele haben es nicht mehr ausgehalten, sind ausgebrochen und abgehauen. Hier ein paar Beispiele:

- Hagar wurde von ihrer Herrin gedemütigt und flieht in die Wüste (1. Mose 16).
- Jakob erschleicht sich den Segen des Vaters und flieht vor der Rache des Bruders (1. Mose 27,43).
- Mose erschlägt einen Ägypter und flieht nach Midian (2. Mose 2,15).
- Elia flieht vor der Rache Isebels (1. Könige 19).
- Jona flieht vor seinem Auftrag (Jona 1).

Doch was geschieht? Gott schickt jeden Einzelnen wieder zurück in genau das Spannungsfeld, vor dem er oder sie geflohen ist. Die einen umgehend und die anderen Jahre später:

- Zu Hagar kommt der Engel des Herrn in der Wüste und sagt: »Kehr zu deiner Herrin zurück und ordne dich ihr unter« (1. Mose 16,9).
- Jakob wird nach 21 Jahren Dienst beim Schwiegervater von Gott wieder zurückgeschickt: »Da sprach der Herr zu Jakob: Kehre zurück ins Land deines Vaters und deines Großvaters und zu deinen Verwandten« (1. Mose 31,3).
- Mose wird zum Pharao von Ägypten geschickt, um Israel aus der Sklaverei zu befreien (2. Mose 3).
- Elia wird wieder zum König Ahab geschickt, nachdem dieser sich an Nabots Weinberg vergriffen hatte (1. Könige 21).
- Und Jona muss immer noch nach Ninive, um dort den bevorstehenden Untergang der Stadt zu verkünden (Jona 3).

All diese Leute haben unter so großen Spannungen gelitten, dass sie aus ihrer menschlichen Perspektive keinen anderen Ausweg mehr gesehen haben, als abzuhauen. Doch was ist der Unterschied zu vorher? Warum können sie jetzt auf einmal wieder zurück? Was gibt ihnen die Kraft und den Mut, das zu tun?

Sie alle sind durch die Begegnungen mit Gott gestärkt worden. Gott hat sic ausgerüstet, um das Spannungsfeld auszuhalten:

- Hagar bekommt von Gott eine unglaubliche große Zusage und ein Versprechen, das einer Frau zur damaligen Zeit viel bedeutet hat: »Ich werde dir mehr Nachkommen geben, als du zählen kannst« (1. Mose 16,10).
- Mose bekommt nicht nur die Zusage, dass Gott mit ihm ist, sondern auch noch Mächtige Zeichen der Autorität Gottes an die Hand (2. Mose 3,12).
- Auch Jakob bekommt die Zusage, dass Gott mit ihm ist, wenn er zurück zu Esau geht.
- Elia hatte eine so außergewöhnliche Gottesbegegnung am Berg Horeb, wie sie vielleicht außer Mose bisher kein anderer Mensch hatte.
- Und Jona hatte auf sehr eindrucksvolle Wiese gelernt, dass man vor Gott nicht fliehen kann.

Auch wenn es mir nicht unbedingt gefällt, glaube ich, dass so wie Gott hier an den Personen der Bibel handelt, genau der Ansatz ist, wie wir Männer mit Spannungen umgehen sollten. Abhauen, Zerstörung und Chaos hinterlassen erscheinen nur im ersten Moment als gute Lösung. Für uns Männer ist viel mehr dran, dass wir lernen, die Belastungen auszuhalten.

Gott rüstet uns aus, Belastungen auszuhalten – das können wir mit seiner Hilfe lernen.

Das heißt nicht, dass wir Spannungen aushalten müssen, bis wir immer kurz vor dem Zerreißen sind. Wir sollten lernen, dass wir den Querschnitt unseres Materials erhöhen. Höherer Querschnitt heißt, dass wir das Regal durch die Verwendung von dickerem Material festigen und aussteifen. Dickeres Material bewirkt, dass sich die Spannungen und der Druck besser verteilen und somit punktuell reduzieren.

Das können wir allerdings nicht allein. Wir sind dabei auf Hilfe angewiesen, auf die Hilfe Gottes. Indem wir unsere Sorgen auf ihn werfen, erhöhen wir den Querschnitt unseres Materials und können die Spannungen reduzieren. »Alle eure Sorge werft auf ihn, denn er sorgt für euch« (1. Petrus 5,7; LUT).

Jetzt nicht aufhören zu lesen! Ich weiß, dieser Vers ist nichts Neues unter der Sonne und viele von uns haben ihn schon gefühlt tausend Mal gehört. Ich weiß, dieser Vers klingt sehr plump und banal. Aber es lohnt sich, das etwas tiefer anzusehen.

QUERSCHNITT ERHÖHEN

In den letzten Wochen und Monaten habe ich persönlich erlebt, wie wahr und aktuell dieser kleine Bibelvers ist. Ich habe erlebt, dass mein Regal über Jahre immer voller und voller geworden war. Immer mehr Dinge wurden reingestapelt. Von mir selbst, aber auch von anderen. Erst im Nachhinein wurde mir bewusst, dass schon lange die Anzeichen da waren, dass mein Regal ungesund belastet ist. Dieses Anzeichen waren Magenbeschwerden, mit denen ich schon seit einigen Jahren zu kämpfen hatte. Zuerst suchte ich die Ursache natürlich auf der medizinischen Ebene. Ich dachte, dass ich vielleicht irgendwelche Unverträglichkeiten habe, und fing an, gewisse Lebensmittel zu meiden. Natürlich war ich auch bei Ärzten und habe mich durchchecken lassen. Aber alles ohne nennenswertes Ergebnis. Heute bin ich überzeugt, dass ich mein Regal über lange Zeit falsch und ungesund belastet hatte. Und wenn ich zurückblicke, fällt mir auf, dass ich in der Vergangenheit schon öfter an der Belastungsgrenze entlanggeschrammt bin.

Eine schwere Palette aus dem Regal zu schmeißen bringt nur kurzfristige Erleichterung.

Ich war mehrfach kurz davor, den Spannungen nachzugeben und zusammenzubrechen. Was war in der Vergangenheit meine Lösung? Ich habe immer eine schwere Palette aus dem Regal geschmissen. Ich habe Arbeiten abgegeben oder Veranstaltungen abgesagt. Das hat dann auch kurzfristig Erleichterung gebracht. Mein Regal ist dadurch aber nicht stabiler geworden. Ich habe lediglich Waren aussortiert und Dinge kaputtgehen lassen. Doch der freie Platz blieb nicht lange leer. Er hat sich sehr schnell wieder gefüllt. Bis mir dann Anfang 2020 zusätzlich zu den Magenproblemen immer häufiger Niedergeschlagenheit und Schwermütigkeit zu schaffen machen.

In dieser Zeit war mein Regal eigentlich gar nicht so voll. Aber jede kleine zusätzliche Last brachte mich der Bruchlast erschreckend nah. Ich erlebte Tage, an denen ich so depressiv drauf war, dass mich gar nichts mehr motivieren konnte.

FDC.
15/01149
FDC.

Ich stellte fest: Es liegt nicht an der Menge der Arbeit und an der Größe der Spannungen in meinem Leben, es liegt viel mehr daran, wie ich mit diesen Spannungen umgehe. Und auf einmal wurde die Kanada-Lösung äußerst verlockend. Der Gedanke, einfach abzuhauen und alles hinter mir zu lassen, schien plötzlich sehr attraktiv. Gott sei Dank habe ich das nicht getan. Doch wie habe ich es geschafft, diese Schwermütigkeit zu überwinden? Was hat jetzt die Veränderung gebracht?

***

Manchmal kann man so etwas erst im Nachhinein feststellen. Denn hätte mir damals jemand gesagt, ich soll doch alle meine Sorgen, und damit auch die Schwermütigkeit, auf Gott werfen, hätte ich vermutlich nur müde gelächelt und etwas gesagt wie: »Ja, das weiß ich, aber dieses *Wissen* bringt mich nicht wirklich weiter, das ist mir zu banal.« Doch der Vers aus dem Petrusbrief ist nicht banal. Er wirkt nur so, wenn man ihn als Wunscherfüllungsorakel nimmt, frei nach dem Motto: Ich pack mein Regal so voll wie möglich, ich versuche quasi, so viele Bälle wie möglich gleichzeitig in der Luft zu halten. Wenn dann noch etwas Zusätzliches kommt, das die Tragfähigkeit überschreiten könnte, dann gebe ich den Ball, das Paket, an Gott mit den Worten ab: »Also Gott, jetzt bist du mal dran, das schaff ich nun nicht auch noch!«

Wenn ich Gott erst an mein Regal lasse, wenn meine Kräfte und mein Können nicht mehr ausreichen, versuche ich ja nur bestimmte Schwachstellen zu verstärken und auszusteifen. Das Regal an sich aber bleibt schwach. Ich glaube, dass dieses Denken falsch ist und deshalb auch so banal wirkt.

DIE GEWALTIGE HAND GOTTES UND MEINE DEMUT

Wir müssen diesen Vers im Zusammenhang mit dem vorangehenden Vers sehen: »So demütigt euch nun unter die gewaltige Hand Gottes, damit er euch erhöhe zu seiner Zeit« (1. Petrus 5,6; LUT). Ich habe erlebt, dass ich mich erst unter die gewaltige Hand Gottes demütigen muss. Ich habe erlebt, dass erst nachdem ich mit leeren Händen und in absoluter Ohnmacht vor Gott gestanden bin, ich meine Sorgen auf ihn werfen konnte. Dass ich die Dinge erst an Gott abgeben konnte, nachdem alle Bälle, die ich jongliert hatte, am Boden lagen.

Es hat nicht gereicht, mir meine Ohnmacht nur im Kopf bewusst zu machen. Ich musste sie erleben. Erst dann hat der Vers an Banalität verloren und mir Kraft gegeben. Ich habe den Verdacht, dass Gott uns bewusst von Zeit zu Zeit in solche Zeiten der Ohnmacht führt. Und wenn ich auf die Personen der Bibel schaue und beobachte, in welcher Ohnmacht sie waren, dann scheint mir dieser Verdacht gar nicht allzu weit hergeholt.

- Hagar ist als schwangere Frau alleine ohne Mann irgendwo in der Wüste gelandet
- Mose hat sein privilegiertes Leben am Hof des Pharaos verloren
- Jakob hat seine Familie verloren und ist ohne Erbe ausgegangen
- Elia hängt irgendwo in der Wüste rum und lässt sich gehen

So demütigt euch nun unter die gewaltige Hand Gottes, damit er euch erhöhe zu seiner Zeit. Alle eure Sorge werft auf ihn; denn er sorgt für euch.
1. Petrus 5,6-7; LUT

Erst nachdem ich mich unter die gewaltige Hand Gottes gedemütigt habe und meine Ohnmacht erlebt habe, konnte ich dem Vers 7 – die Sorgen auf Gott werfen – Raum in meinem Leben geben. Erst dann konnte ich die auf dem Boden liegenden Bälle und Pakete Gott zuwerfen.

Heißt das, dass ich immer erst am Boden liegen muss, bevor ich Gott meine Sorgen anvertrauen kann? Ich hoffe nicht. Ich hoffe, dass ich diese Erfahrung der Ohnmacht mit in meinen Alltag hinübernehmen kann. Es hat mir gezeigt, dass ich weder die großen noch die kleinen Dinge ohne Gott schaffen kann. Bei kleinen Sorgen oder Aufgaben bin ich oft versucht, zu glauben, dass ich das alleine schaffe. Aber ich habe gelernt, dass ich ihm alles hinlegen darf und will.

Ich möchte mich deswegen jeden Tag neu unter der gewaltigen Hand Gottes demütigen. Ich möchte jeden Tag neu bewusst mit leeren Händen vor Gott stehen und ihm alle Pakete anvertrauen, die in meinem Regal stehen. Ich möchte, dass nicht nur die Schwachstellen in meinem Regal durch die Materialverstärkung stabilisiert werden, sondern dass mein gesamtes Regal mit Querschnittserweiterungen Gottes durchzogen ist. Wie mache ich das praktisch?

Mir ist klar geworden, dass ich weder die großen noch die kleinen Dinge ohne Gott schaffen kann.

Kennst du noch die *Wunderlist*? Es war eine digitale Liste, in der man die eigenen Aufgaben und die Aufgaben anderer verwalten kann. Sie wurde gerne von Chefs benutzt, die ihren Mitarbeitern Aufgaben zuspielen. (Inzwischen wurde sie durch *Microsoft ToDo* ersetzt – der Effekt ist derselbe, der Name weniger lautmalerisch.)

Ich führe jetzt meine ganz eigene *Wunderlist*. Eine Liste, in der ich die Pakete, die zu Spannungen in meinem Regal führen, aufschreibe und Gott zuspiele. Ich schreibe sie in mein Notizbuch, in das ich auch meine anderen Aufgaben notiere. Das Gute an meiner *Wunderlist* ist aber: Ich muss sie nicht abarbeiten! Das ist Gottes Aufgabe. Sie sind nicht mehr mein Problem. Zwar nehme ich die Liste hin und wieder her und bete für die Punkte, aber sie sind nicht mein Problem, sie erzeugen keine Spannungen mehr in meinem Regal. Bis jetzt fahre ich ganz gut damit. Ich hoffe und bete, dass ich nicht irgendwann anfange zu versuchen, selber die *Wunderlist* abzuarbeiten.

Was ist mir dir?
Wie sieht dein Regal aus?
Bist du schon auf dem Weg nach Kanada?

TRIEB
WERK

SCHUB, DER UM DIE WELT GEHT

8

Die meisten Flugzeuge sind heutzutage nicht mehr mit Motoren und Propellern ausgerüstet, sondern mit Triebwerken. Gegenüber Motoren haben Triebwerke den Vorteil, dass sie eine wesentlich geringere Leistungsdichte haben. Das bedeutet, das Triebwerk kann mit viel weniger Eigengewicht die gleiche Leistung erzeugen wie ein Motor. Und im Flugzeugbau zählt ja jedes Gramm. Aber wie funktioniert so ein Triebwerk? Das mit dem Propeller und Motor ist im ersten Moment einfacher zu verstehen. Es ist die Aufgabe des Triebwerks, Schub zu erzeugen.

Das Grundprinzip beim Triebwerk ist ein wenig so wie bei einem Luftballon, den man aufbläst und dann loslässt. Die ausströmende Luft erzeugt den Schub, der dann den Luftballon fliegen lässt. Das heißt, um möglichst viel Schub am Ende des Triebwerks zu bekommen, brauche ich viel Luft, die mit möglichst hoher Geschwindigkeit aus dem Triebwerk strömt. Da sich Luft, wenn sie mit Kerosin gemischt und verbrannt wird, sehr stark ausdehnt, hat unser Triebwerk eine große Brennkammer, in der das Luft-Kerosin-Gemisch verbrannt wird. Die Abgase werden dann, bedingt durch die starke und schnelle Ausdehnung, mit großer Geschwindigkeit hinten aus dem Triebwerk ausgestoßen und erzeugen richtig Schub.

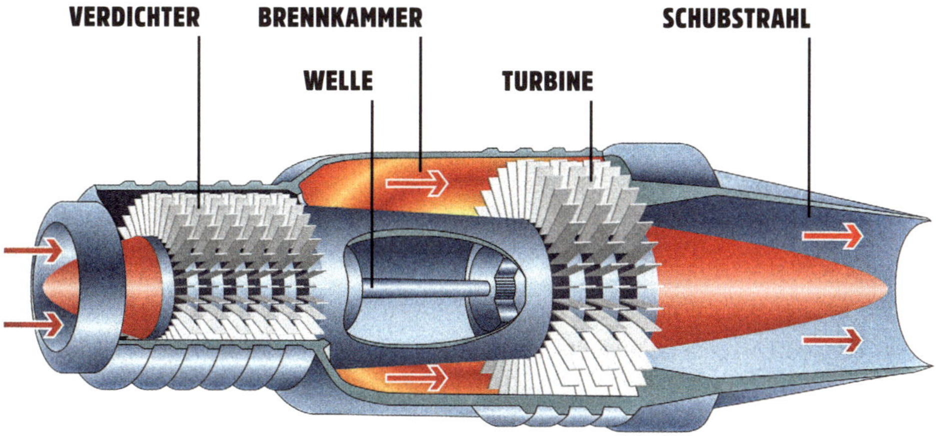

Aber wir wollen noch mehr Leistung. Das erreichen wir, indem wir möglichst viel Luft in die Brennkammer drücken. Denn wenn mehr Luft in der Brennkammer ist, kann man mehr Kerosin dazugeben und noch mehr Schub erzeugen. Also müssen wir die Luft vorher zusammendrücken. Das macht der Verdichter. Er sitzt ganz vorne am Triebwerk. Ein Verdichter ist nichts anderes als ein Lüfter, der die Luft von außen nimmt und nach hinten drückt. Damit man die Luft noch dichter zusammendrücken kann, schaltet man einfach mehrere Lüfter hintereinander. Und schon bekommt man richtig Druck in die Brennkammer. Das ergibt richtig viel Schub.

Jetzt muss ich nur noch den Verdichter irgendwie antreiben. Da ein Elektromotor im Triebwerk keinen Sinn macht, hat das Triebwerk hinter der Brennkammer noch eine Turbine geschaltet, also nichts anderes als ein umgedrehter Lüfter, eine Art Windrad. Diese Turbine nutzt einen Teil des Schubs und treibt über eine Welle, die durch das gesamte Triebwerk nach vorne geht, den Verdichter an. Und schon ist unser Triebwerk fertig. So weit klar!

Aber was hat jetzt ein Triebwerk mit meinem Leben zu tun?

DER GÖTTLICHE SCHUB

Ich träume von göttlichem Schub! Ich träume davon, dass mein Leben so richtig durchstartet.

Es geht um den Schub! Ich will in meinem Leben Schub haben. Ich will, dass in meinem Leben geistlich was vorangeht. Ich will kein langweiliges Christsein leben! Damit aber so richtig Schub in mein Leben kommt, reicht es nicht, wenn ich ein bisschen an den Lüftern drehe und kurble. Das erzeugt zwar auch ein bisschen Schub, aber der ist so schwach und menschlich, dass er eigentlich nicht der Rede wert ist. Es reicht nicht, mich freudestrahlend in irgendwelche leeren religiösen Praktiken hinein zu vertiefen. Ich träume von mehr!

Ich träume von göttlichem Schub! Ich träume davon, dass mein Leben so richtig durchstartet. Und da ist nichts, was ich aus eigener Kraft machen kann, ausreichend. Also brauche ich die Kraft, die Energie Gottes. Ich brauche das große Expansionspotenzial Gottes, das in seinem Kraftstoff steckt, um so richtig Schub zu erzeugen. Ich träume davon, dass Gottes Kraft in mein Leben kommt. Beim Treibwerk ist das einfach: da kommt das Kerosin ganz simpel über die Kraftstoffleitung aus dem Flügel des Flugzeugs. Auch Gott möchte uns seinen Kraftstoff zur Verfügung stellen. Und wenn ich in die Apostelgeschichte schaue, bin ich immer wieder fasziniert, wie die Apostel göttlichen Kraftstoff bekommen und ihr Leben dadurch so richtig Schub erfährt.

Ich versichere euch: Wer an mich glaubt, wird dieselben Dinge tun, die ich getan habe, ja noch größere.
Johannes 14,12

JET FUEL
MAX PRESSURE
50 P.S.I.
MAX
11 P.S.I.

Wie kraftvoll Gott durch sie gewirkt hat, war enorm. Zum Beispiel hat schon der Schatten von Petrus gereicht, um kranke Menschen zu heilen (Apostelgeschichte 5,15). Wow, das will ich auch! Genau so einen Schub wünsche ich mir. Du auch? Dann habe ich eine gute Nachricht für dich: Jesus hat uns genau das auch versprochen! Er hat uns versprochen, dass, wenn wir an ihn glauben, wir noch größere Dinge tun werden, als er getan hat. Das ist doch mal eine Ansage! Heißt das, dass mir also der gleiche Kraftstoff, den die Apostel hatten, zur Verfügung steht?

***

Zwischenfrage: Wusstest du, dass in so einem Flügel schier unendliche Mengen von Kraftstoff sind? Eine Boeing 747 zum Beispiel hat bis zu 222 000 Liter an Bord. Im Vergleich dazu fasst ein normaler Kasten Bier 20 Flaschen mit je 0,5 Litern, also 10 Liter. Umgerechnet passen dann in den Flügel einer Boeing 747 insgesamt 22 200 Kästen, also 444 000 Flaschen Bier. Wenn man jeden Abend ein Bier trinken würde, hätte man einen Vorrat für 1216 Jahre. Das ist eine Menge, die man sich kaum vorstellen kann. Ich bin überzeugt, dass Gott für uns unermessliche Mengen an göttlichem Kraftstoff für unser Leben zur Verfügung hat. Das ist fast nicht zu glauben, oder?

Wenn ich aber nun auf mein Leben schaue und den Schub, den es erzeugt, fällt es mir schwer, das zu glauben. Das soll auch auf mich zutreffen? Okay, manchmal habe ich schon den Eindruck, dass mein Leben einen klitzekleinen göttlichen Schub bekommt. Aber das fühlt sich dann eher an wie ein Luftballon, der unkontrolliert durch die Luft zwitschert und dann schnell wieder erschlafft runterfällt. Das sind dann vielleicht die kurzen göttlichen Momente in meinem Leben. Ich träume eher von einem dauerhaften Schub, so wie bei einem Triebwerk.

Aber was mache ich nun falsch? Habe ich etwas übersehen?

DAS TRIEBWERK HAT EINEN AUFTRAG

Das Triebwerk ist ja fest mit dem Flügel des Flugzeugs verbunden. Aber es hängt nicht am Flugzeug, weil es da zufällig kleben geblieben ist oder weil sonst kein anderer Platz zur Verfügung steht. Nein, das Triebwerk hängt ganz bewusst am Flugzeug. Es ist am Flügel fixiert, weil es eine zentrale Aufgabe, einen wichtigen Auftrag im Gesamtkonzept des Flugzeugs hat. Nämlich durch den Schub dem Flugzeug die notwendige Geschwindigkeit zu verleihen, damit es abheben kann. Ein Triebwerk, das losgelöst vom Flugzeug startet, ist wie ein Luftballon, der schnell an Schub verliert und ziellos durch die Gegend flattert. Ist ein Triebwerk nicht am Flügel verankert, bekommt es auch nicht ausreichend Kraftstoff, um richtig Schub zu erzeugen. Ein Triebwerk muss an etwas Größerem angedockt sein, damit es Schub erzeugen kann. Es hat den Auftrag, Schub zu erzeugen, damit das ganze Flugzeug abheben und um die Welt fliegen kann.

Darum geht zu allen Völkern und macht sie zu Jüngern. Tauft sie im Namen des Vaters und des Sohnes und des Heiligen Geistes.
Matthäus 28,19

Habe ich nicht auch wie ein Triebwerk einen zentralen Auftrag in Gottes Gesamtkonzept? Habe ich nicht die Aufgabe, den Schub, den ich in meinem Leben bekomme, zu nutzen, um Auftrieb für etwas Größeres zu erzeugen? Etwas, das die Möglichkeit in sich birgt, um in die Welt zu gehen? Habe ich nicht den Auftrag, meinen Schub dafür einzusetzen, dass alle Menschen auf dieser Welt zu Nachfolgern von Jesus werden? Habe ich nicht den Auftrag, dass das, was in meinem Leben gezündet und Schub erzeugt hat, in etwas Größeres fließen zu lassen, das dann um die Welt geht?

Der Schub eines Triebwerks an sich ist ja cool. Aber erst wenn die Kraft des Schubs auch zum Auftrieb des Flugzeuges beiträgt, macht es Sinn, dass ein Triebwerk Schub erzeugt. Der Schub, der durch Gottes Wirken in mein Leben kommt, ist an sich auch cool. Aber erst, wenn dieser Schub zum Auftrieb des gesamten beiträgt, macht es Sinn. Erst wenn es dazu beiträgt, dass die Botschaft Gottes um die Welt geht, erfüllt der Schub seinen Zweck.

Ich habe den Auftrag, meinen Schub dafür einzusetzen, dass alle Menschen von Jesus hören.

So sehe ich es zumindest bei den Aposteln und deren großen Taten. Der Schub, den die Kraft Gottes in ihnen bewirkt hat, war darauf ausgerichtet, dass das Flugzeug abheben kann. Es war darauf ausgerichtet, dass andere Menschen von Jesus erfahren. Zum Beispiel nutzt Paulus den Schub, nachdem er einen Gelähmten an der Tempeltür heilt. Er hält daraufhin eine Predigt über Jesus, durch die viele zum Glauben kommen (Apostelgeschichte 3,1-4). Oder Philippus, der regelrecht von einem Ort an den anderen gebeamt wird, nachdem er einen Finanzminister aus Äthiopien getauft hatte (Apostelgeschichte 8). Das hat seinem Leben bestimmt gewaltigen Schub gegeben. Schub, den er gleich wieder einsetzt, um dort, wohin er gebeamt wurde, weiter von Jesus zu erzählen.

Solange ich versuche, den Kraftstoff Gottes nur als Kraft- und Energiequelle für mich selbst zu nutzen, um meinem eigenen Leben Schub zu geben, aber nicht an das Flugzeug, das große Ganze angekoppelt bin – solange werde ich nicht lange etwas von dem Schub haben. Er wird ziemlich schnell verpuffen. Ich glaube, dass der übernatürliche Kraftstoff, den Gott uns zur Verfügung stellen will, nicht in erster Linie dafür da ist, dass wir persönlich Schub bekommen, sondern dass das »Flugzeug« Auftrieb bekommt und durchstartet.

Die Apostelgeschichte gibt dazu wieder ein eindrückliches Beispiel. Simon, der Magier, hat die Wunder, die die große Kraft Gottes zeigten, miterlebt und gesehen. Er kam aus dem Staunen nicht mehr heraus. Ich vermute, dass sich in ihm der gleiche Wunsch regte wie in mir, wenn ich die Apostelgeschichte lese. »Das will ich auch!« Simon war zwar getauft. Aber was bewegte ihn, dass er sogar bereit war, Geld zu bezahlen, nur um an diesen Kräften teilhaben zu können? Dann bekommt er von Petrus eine gewaltige Klatsche: »Zur Hölle mit dir und deinem Geld! … Zu denken, was Gott schenkt, könne man kaufen! Nein, du hast keinen Anteil an dieser Kraft und hast kein Anrecht auf sie. Denn in deinem tiefsten Innern bist du nicht aufrichtig vor Gott« (Apostelgeschichte 8,20-21; NGÜ).

Die Perspektive von oben stellt alles in den Schatten, was ich vom Boden aus hätte sehen können.

Wollte der Magier Simon die Kraft Gottes etwa nur als persönliche Kraftquelle nutzen, um seinem Leben Schub zu geben? Oder hat er das Große und Ganze gesehen und wollte er mit dem neu gewonnenen Schub dazu beitragen, dass das Flugzeug abhebt und alle Völker von Jesus erfahren? Ich vermute eher nicht.

Das Geniale ist aber: Wenn ich als Triebwerk dazu beitrage, dass das Flugzeug abheben kann, hebe ich als Triebwerk genauso ab. Dann bin ich in der Luft und kann die Welt von einem ganz anderen Blickwinkel aus sehen. Und mein Leben bekommt nicht nur Schub, sondern auch eine andere Perspektive – eine Perspektive, die alles in den Schatten stellt, was ich vom Boden aus hätte wahrnehmen können.

DER SCHUB, DEN DIE KRAFT GOTTES IN UNS BEWIRKT, HAT DEN ZWECK, DASS DAS FLUGZEUG ABHEBEN UND UM DIE WELT FLIEGEN KANN – DASS MENSCHEN WELTWEIT VON JESUS ERFAHREN.

LEISTUNGSSTEIGERUNG

Ich denke ja immer gerne an Leistungssteigerung. Ich will immer das Maximum rausholen. Also will ich auch die Kraft, die Gott mir zur Verfügung stellt, maximal ausnutzen. Ich versuche, die Leistung von meinem Triebwerk zu steigern. Um mehr Kraftstoff verbrennen zu können, bemühe ich mich, noch mehr Luft in die Brennkammer zu bekommen. Dazu müsste ich einfach noch ein paar mehr Verdichterstufen einbauen. Das heißt, noch mehr Lüfter vorne dranschalten. Um die aber antreiben zu können, brauche ich auch die notwendige Energie. Die kommt ja aus der Turbine, die in unserem Schubstrahl hängt. Also brauche ich noch ein paar mehr Turbinenräder.

Dieses Spiel kann ich weiter und weiter treiben. Immer mehr Verdichterstufen und dadurch immer mehr Turbinenräder. So pumpe ich immer mehr Luft in die Brennkammer und kann noch mehr Kraftstoff dazugeben. Der Nachteil an dieser Geschichte ist, dass irgendwann der Schub ausbleibt, weil die Turbinenräder vorher alles abgreifen. Irgendwann ist das Flugzeug nicht mehr flugfähig, weil zu viel Kraft abgeschöpft wird, um das eigene Triebwerk am Laufen zu halten. Das entspricht dann nicht mehr dem Prinzip eines Triebwerks.

Leistungssteigerung, das ist auch ein Schlagwort für mein Leben. Ich versuche, das Maximale aus meinem Leben herauszuholen. Ich versuche, möglichst effektiv die mir zur Verfügung stehenden Kräfte zu nutzen, um noch mehr Leistung erbringen zu können. Immer höher, schneller, mehr. Jede Minute möglichst effektiv nutzen. Ich vermute, dass dieses Denken durch unsere Gesellschaft geprägt wurde. Doch leider überträgt es sich auch zu oft auf mein geistliches Leben. Ich will mein geistliches Leben genauso frisieren und hochzüchten. Ich will möglichst viel Kraftstoff verbrennen können. Ich habe das Ziel, ein möglichst leistungsfähiges Triebwerk zu sein. Ich möchte möglichst viel göttlichen Kraftstoff nutzen.

Ich möchte möglichst effektiv die Kräfte nutzen, um noch mehr Leistung erbringen zu können – auch im geistlichen Leben.

Und um ehrlich zu sein: ich vermute, dass nicht nur die Gesellschaft dieses Denken in mir prägt. Wir leben auch in meinem christlichen Umfeld so, Leistungssteigerung wird von mir erwartet. Wie viele Seminare, Predigten und Bücher gibt es zum Thema Leistungssteigerung? Wie viele Angebote gibt es, in denen man lernen kann, die Kraft Gottes in seinem Leben noch mehr wirken zu lassen und noch besser zu werden? Da noch ein gutes Buch über geistlich kraftvolles Leben. Dort noch ein guter Podcast oder eine Predigt über ein Leben in der Fülle Gottes. Und vielleicht finde ich ja noch ein gutes Seminarangebot darüber, wie man die verborgene Kraft

Gottes im eigenen Leben freisetzt. Solche Angebote sind ja auch gut und geben mir in meinem geistlichen Leben wirklich frischen Schwung und neuen Schub.

Gern erinnere ich mich zum Beispiel an die großen Konferenzen, bei denen es in meinem geistlichen Leben wieder richtig neu gezündet hat und bei denen Gott ganz konkret in mein Leben gesprochen hat. Die Expansion war gewaltig und hat in meinem Leben richtig viel Schub erzeugt. Nach solchen Zeiten von Expansionsschüben sage ich mir immer wieder: »Ich will mehr! Ich will diesen Schub nutzen weiter nutzen und ausbauen. Jetzt bleib ich dran! Ich will möglichst viele Turbinenstufen in den Schubstrahl hängen, um möglichst viel davon abgreifen zu können.« Die Turbinen treiben dann meinen Verdichter an und geben mir wieder die Kraft und Energie, mich noch intensiver mit Gott zu beschäftigen, seine Nähe zu suchen und mich noch tiefer in sein Wort zu vergraben. So kann dann noch mehr Kraftstoff zugeführt und verbrannt werden. Ich spüre die Leistungssteigerung regelrecht.

DREHEN UM MICH SELBST

Aber was passiert, wenn ich dieses Spiel so weitertreibe, wenn ich immer mehr Verdichterstufen in mein Leben einbaue, wenn ich immer mehr Energie dafür verwende, um Gott näherzukommen und ihn besser verstehen zu können? Was passiert, wenn ich immer mehr Energie aus dem Schubstrahl abgreife, um damit meinen Verdichter antreiben zu können? Ganz klar, ich verliere an Schub. Und wenn es blöd läuft, bleibt das Flugzeug am Boden und kann nicht mehr abheben. Es geht nicht mehr um die Welt. Ich drehe mich quasi nur noch um mich selbst. Ich bin zwar hochgeistlich unterwegs, ein geistlich hochgezüchtetes Triebwerk. Aber die Maschine bleibt am Boden, das große Ganze kann nicht abheben. Ich kann meinen Auftrag nicht mehr erfüllen. Will ich das?

Meine Beobachtung ist, dass sich viele Christen immer mehr zu geistlich hochgezüchteten Triebwerken entwickeln. Triebwerke, die aber letztlich am Boden bleiben und deren Schub nicht mehr reicht, um das Flugzeug zum Abheben zu bringen. Manchmal bleibt gerade noch so viel Schub übrig, um mit dem Flugzeug durch die Nachbarschaft zu fahren. Aber der Rest der Welt bekommt nichts mehr von diesem Schub zu spüren. Und manchmal bleibt der Schub völlig aus und erzeugt schon fast einen Gegenschub.

Eine gute Freundin von mir arbeitet im Krankenhaus. Sie erzählte mir: »Die schlimmsten und unangenehmsten Patienten sind die, die dieses blaue Losungsbuch auf dem Tisch liegen haben.« Diese Aussage hat mich sehr zum Nachdenken gebracht. Bin ich auch so? Erzeuge ich Schub oder bin ich nur ein geistlich hochgezüchtetes, aber völlig wirkungsloses Triebwerk? Und wenn ich so darüber nachdenke, fallen mir einige Dinge in meinem Leben ein, bei denen meine Schubleistung ausgesprochen gering war.

Erzeuge ich Schub oder bin ich nur ein geistlich hochgezüchtetes, aber wirkungsloses Triebwerk?

Es ist schon ein paar Jahre her, aber es hat sich tief in mir eingebrannt. Es war kurz vor meinem Ausstieg aus der Industrie. Ich war bereits auf dem Weg in den hauptamtlichen Dienst. Ich erklärte meinen Kollegen an meiner Tischgruppe, dass ich jetzt zur *Liebenzeller Mission* gehen und Missionar werden würde. Da wurde ein weiterer Kollege, mit dem ich quasi Rücken an Rücken saß, aufmerksam. Er drehte sich um und meinte: »Ha, die Liebenzeller, ja die kenne ich auch. Mit denen war ich mal auf Freizeit.« Im weiteren Gespräch stellte sich heraus, dass dieser Kollege auch Christ war. Er saß circa zwei Jahre in meinem Rücken, ohne dass ich es wusste. Was für ein Zeugnis? Was für eine atemberaubende Schubkraft hatte ich da? Ich wollte Missionar werden, ich wollte das Flugzeug abheben lassen, aber der Schub reichte nicht einmal für die Büro-Nachbarschaft! Wie man sieht, bin ich ein richtig gutes Vorbild, was die Schubkraft angeht.

Manchmal führt das bei mir zu Selbstzweifeln: Zum Beispiel, wenn ich andere Leute sehe, die völlig unverkrampft jedem von Jesus erzählen. Dann fühle ich mich immer weniger wie ein Triebwerk, das jemals einem Flugzeug zum Abheben verhelfen kann. Wenn mir dann noch jemand ins Gewissen redet, wie: »Gott braucht dich! Wenn du nicht gehst, wer dann?«, dann mag das schon bewirken, dass ich versuche, Schub zu erzeugen, dass ich mich engagiere oder Geld spende. Aber nicht, weil ich das tiefe Anliegen habe abzuheben, sondern aus schlechtem Gewissen. Ich bin mir aber nicht sicher, ob Gott solche »Aus-schlechtem-Gewissen-Missionare« gebrauchen kann. Ich glaube, er hat mehr Freude an Ehrlichkeit und echter Freiheit.

Aber wie jetzt weiter?
Was ist jetzt genau mein Auftrag?
Wie bringe ich Schub für das Flugzeug?
Wie bekomme ich Schub in mein Leben
und in das große Ganze?

MIT VOLLER KRAFT VORAUS

Ich mache mal einen riskanten Vorschlag. Für eine Sache kann ich mich ja entscheiden: Ich kann mich dafür entscheiden, dass ich bereit bin, als Triebwerk zu fungieren. Ich kann mich dafür entscheiden, dass ich meinen Schub dafür einsetzen will, damit das große Ganze abheben kann. Ich kann entscheiden, ob ich am Boden bleiben oder abheben will. Noch fehlt mir vielleicht die sogenannte Retterliebe. Es fehlt mir die Liebe und Leidenschaft für die Menschen, die Jesus noch nicht kennen. Noch fehlt mir vielleicht jeglicher Plan, was genau mein Auftrag ist. Aber ich kann mich dafür entscheiden, dass ich bereit bin abzuheben.

Wenn ich mich erst mal dafür entschieden habe und den Wunsch zu meinem regelmäßigen Gebet mache, bin ich schneller in der Luft, als ich vermutet hätte. Mit großer Sicherheit läuft das anders, als ich mir hätte träumen lassen, aber definitiv mit Schub. Mit der Kraft, die Gott in unermesslichen Mengen zur Verfügung hat. Ich bin überzeugt: Wenn ich aufrichtig vor Gott stehe und bereit bin, mich von ihm einsetzen zu lassen, dann wird mir Gott seinen Plan auch mitteilen.

Und was, wenn dann das Flugzeug dann tatsächlich durchstartet? Was für ein atemberaubendes Gefühl ist es, wenn ein Flugzeug loslegt, wenn dich die Beschleunigung in den Sitz drückt und das Flugzeug abhebt. »Ich versichere dir: Wer an mich glaubt, wird die Dinge, die ich tue, auch tun; ja er wird sogar noch größere Dinge tun« (Johannes 14,12; NGÜ).

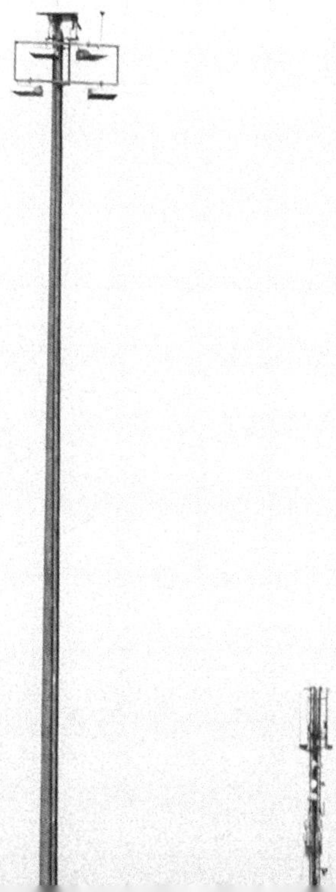

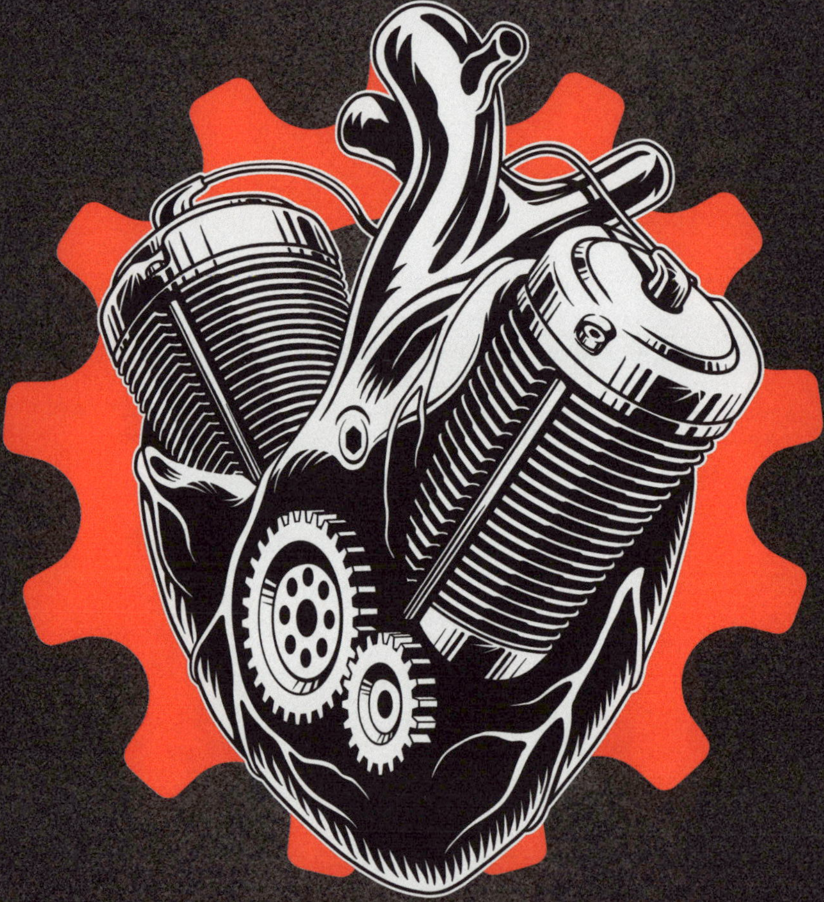

ZUM SCHLUSS

Bist du so wie ich? Liest du auch das Schlusswort am Anfang, um herauszufinden, ob sich das Lesen lohnt? Wenn du glaubst, dass ich am Schluss noch einen Rundumschlag über das gesamte Buch mache, dann muss ich dich enttäuschen! Ich weiß, dass dieses Buch für Wenig-Leser ist, aber ein bisschen musst du schon selbst tun!

Ich hoffe und bete, dass dir das eine oder andere Kapitel geholfen hat – oder noch helfen wird –, ein befreites Christsein zu leben. Ein Christsein, in dem du dich nicht ständig als schlechter Christ fühlen musst, sondern losgelöst von Zwängen und Druck leben kannst. Aber auch ein Christsein, das sich nicht mit Halbherzigkeit und faulen Kompromissen zufriedengibt, sondern richtig Gas gibt.

Ich hoffe und bete, dass du durch das eine oder andere Kapitel ermutigt wurdest, den Schatz, den Gott für uns in die Bibel gelegt hat, zu heben. Vielleicht nicht zwingend im klassischen Sinne, sondern auf eine neue, dir entsprechende Art. Ich hoffe und bete, dass du hilfreiche Tipps finden konntest, um dich als Mann und die dazugehörenden Herausforderungen besser zu verstehen. Ich hoffe und bete, dass wir als Männer unsere von Gott gegebene Verantwortung wahrnehmen und anpacken.

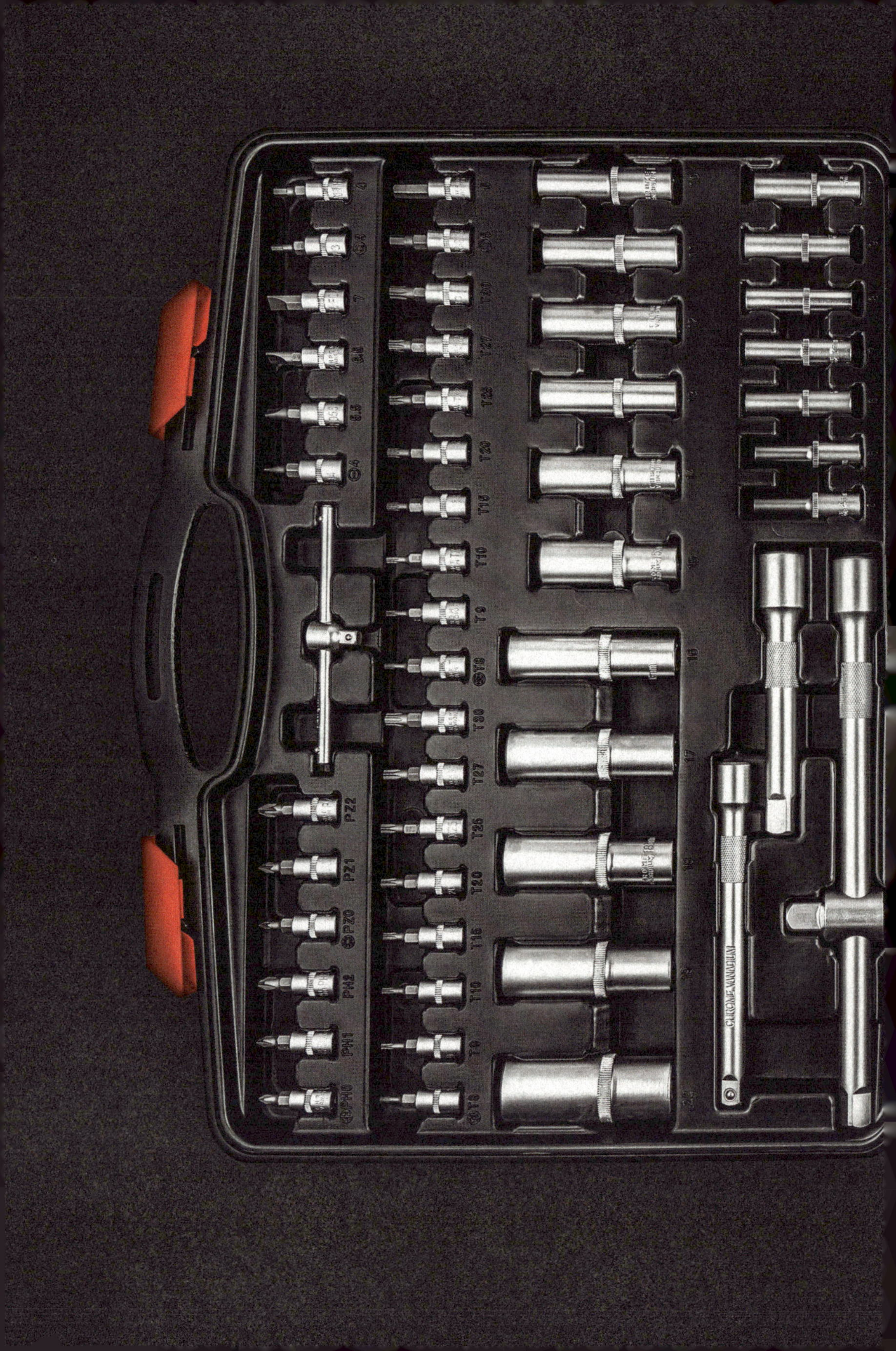

CHROME VANADIUM
CHROME VANADIUM
14 12 10 6 12 10
TH70 TH60 TH55 TH50 TH45 TH40
T70 T60 T55 T50 T45 T40
E24 E20 E18 E16 E14
E10 E11 E12
32 30 27 24 22 21

ANMERKUNGEN

1 Redaktion Gesundheitsportal. Extremsport und Risikosport. www. gesundheitgv.at 23.07.20217. URL: https://www.gesundheit.gv.at/leben/bewegung/gesunde-bewegung/extremsport-risikosport (zuletzt aufgerufen am 11.02.2021).

2 David Murrow. Warum Männer nicht zum Gottesdienst gehen. Cap books 2011. Originaltitel: Why men hate to go to church, 2005.

3 Vgl. Murrow, S. 36.

4 Jesus, berühre mich (Nur den Saum deines Gewandes), Text & Melodie: Albert Frey, 2000, © Immanuel Music, Ravensburg, verwaltet von SCM Hänssler.

5 Für den König (Alle Ehre König Jesus), Text & Melodie: Albert Frey, 2006. © FREYKLANG, verwaltet von Gerth Medien Musikverlag.

6 In diesem Tiefer-graben-Abschnitt habe ich mich auf einiges an Literatur gestützt. Hier eine Liste der Texte, aus denen ich die Informationen habe. Der Einfachheit halber habe ich nur dort Vermerke eingefügt, wo ich direkt zitiert habe:
Marquart, Maria. Neue Rollenbilder: »Der Mann ist nur noch Schatten seiner selbst«. Spiegel Online, 18.08.2015: URL: http://www.spiegel.de/wirtschaft/soziales/ maenner-studie-viele-kommen-mit-neuer-rolle-nicht-klara-1048415-druck.html. (zuletzt geprüft am 11.02.2021).
Matussek, Matthias. Die vaterlose Gesellschaft: Überfällige Anmerkungen zum Geschlechterkampf. Einbek: Rowohlt 1998.
Raedel, Christoph: Gender Mainstreaming: Auflösung der Geschlechter?. Holzgerlingen: Hänssler 2014.
Schmalenbach, Hanna-Maria. Frausein zur Ehre Gottes: im Kontext verschiedener Kulturen. Marburg: Franke 2007.
Spieker, Manfred. Gender-Mainstreaming in Deutschland: Konsequenzen für Staat, Gesellschaft und Kirchen. Paderborn: Schöningh 2016.
Volz, Rainer & Zulehner, Paul M. Männer in Bewegung: Zehn Jahre Männerentwicklung in Deutschland. Baden Baden: Nomos 2008.

7 Mattusek, S. 59.

8 Lönneker zitiert in: Spiegel-Interview mit Marquart.

9 Vgl. ebd.

10 Vgl. Volz & Zulehner, S. 25 ff.

11 Technisch korrekt müsste man eigentlich »Bruchfestigkeit« sagen. Aber darunter kann man sich unter Umständen nicht so viel vorstellen. Ich benutze hier beide Begriffe synonym.

Bildnachweise Shutterstock

S. 3: ledokolua, S. 4–5: Marko Aliaksandr, phive, vladdon, maggee, stefan11, Anatoliy Kosolapov, WAYHOME studio, Bannafarsai_Stock, Godlikeart; S. 6: Anna Photographer; S. 9: justone; S. 10: Steve Bower; S. 13: MarkoV87, S. 17: Captain Wang; S. 18: Fotosenmeer; S. 21: SantaGig; S. 27: OlegRi; S. 29: Dominc Bede Isaiah; S. 30: Dusan Petkovic; S. 35: Miresan Ciprian; S. 40: furtseff; S. 45: David Prado Perucha; S. 48: Ivan Kruk; S. 52: Leremy, S. 59: Kwangmoozaa; S.60: a4ndreas; S. 61: Leremy, AVA Bitter, UgaBuga, S. 62: tatianasun; S. 63: Sangu_rabi; S. 67: Aleksandr Kurganov, S. 68: Engineer studio; S. 74: zi3000; S. 80: Jaromir Chalabala; S. 93: Jatuporn Chainiramitkul; S. 94: Kalabi Yau; S. 96: Gabor Tinz; S. 109: Electrical Engineer; S. 110: Akarawut; S. 113: UfaBizPhoto; S. 115: Stanislav-Z; S. 117: Skycolors; S. 126: frank_peters; S. 128: Belish